AGON SPORTVERLAG

Duell der Giganten
Gladbach - Bayern

D1628724

Duell der Giganten

Gladbach - Bayern

Holger Jenrich

AGON
Sportverlag

Das vorliegende Werk wurde sorgfältig erarbeitet. Dennoch kann es gerade bei Statistikwerken aufgrund der umfangreichen Datenmenge oder fehlerhaften Quellenmaterials doch zu kleinen Fehlern kommen. Wir bitten, dies zu entschuldigen und wären dankbar, wenn Sie uns auf eventuelle Fehler aufmerksam machen würden.

Bilder:
Agon-Archiv
Archiv R. Keifu

©1995 by AGON SPORTVERLAG
          Frankfurter Str. 92A
          D - 34121 Kassel

ISBN 3-9285625-88-6

Der ewige Klassiker

Lederhosenfanatiker und Altbier-Trinker, Klinsmaniacs und Effenberg-Supporters, Fußball-Experten und Halbwissende der Kickkunst waren sich im Vorfeld ungewohnt einig: Der neunte Spieltag der Saison 1995/96 würde wieder einmal nach dem altbekannten "Dinner for One"-Motto verlaufen. Schließlich stand an diesem Samstag Bayern München gegen Borussia Mönchengladbach auf dem Spielplan der Liga - und das konnte nur "same procedure as every year" bedeuten. Seit 30 Jahren nämlich war es dasselbe Theater: Die Mannschaft vom Niederrhein konnte - so sehr sie sich auch mühte - beim Team von der Isar einfach nicht gewinnen. Doch jede Serie geht einmal zu Ende - im 31. Versuch gelang den Mönchengladbachern das scheinbar Unmögliche. Sie gewannen bei den Bayern mit 2:1, bezwangen den Fluch, der tonnenschwer auf ihnen lastete, und schrieben Fußballgeschichte. Denn in die Annalen des deutschen Fußballs wird er sicherlich eingehen, dieser 14. Oktober 1995.

Ebenso wie der 28. Juli 1962. Als an jenem Tag vom Bundestag des Deutschen Fußball-Bundes (DFB) die Einführung der Bundesliga beschlossen wurde, gabs quer durch die Republik Jubelgesänge zu hören: Endlich - darauf hatten die Fans jahrelang sehnsüchtig gewartet - würden die besten Clubs des Landes Woche für Woche aufeinanderprallen. Aber hier und dort gabs ob der Entscheidung auch lange Gesichter - da nur 16 Vereine der neuen Spielklasse angehören durften, mußten Mannschaften mit großen Namen draußen bleiben: Rot-Weiß Essen, Hannover 96, Kickers Offenbach, Fortuna Düsseldorf, Holstein Kiel, Alemannia Aachen. Und zudem zwei Clubs, die wenige Jahre später deutsche, europäische, ja weltweite Fußballgeschichte schreiben sollten: Bayern München und Borussia Mönchengladbach. Die Borussia vom Niederrhein war zwar 1920 Westdeutscher Meister und 1960 durch ein 3:2 über Karlsruhe gar Deutscher Pokalsieger geworden, hatte sich aber durch eher unterdurchschnittliche Plazierungen in der Oberliga West allenfalls den ihr zugedachten Platz in der neugegründeten Regionalliga West, dem Bundesliga-Unterbau, verdient. Die Bayern von der Isar dagegen, 1932 bereits erstmals Deutscher Meister, durften überraschend nicht in den Kreis der Besten einziehen - obwohl "die Roten" in beiden Spielzeiten vor Einführung der Bundesliga jeweils Dritte in der Oberliga Süd geworden waren.

Der Weg nach oben

Die Gladbacher nahmen die verordnete Zweitklassigkeit beinahe klaglos hin und wurden 1964 jenseits von Gut und Böse Achte der Regionalliga West. Die Bayern hingegen wollten sich mit der Zurückstufung nicht abfinden: Sie klopften schon nach zwölf Regionalliga-Monaten erneut ans Tor zur Bundesliga, mußten aber in den Aufstiegsrunden zum Oberhaus der Borussia aus dem saarländischen Neunkirchen sensationellerweise den Vortritt lassen. 1965 dann war die 1860-Konkurrenz, souveräner Meister der Regionalliga Süd, endlich erstligareif - mit deutlichem Vorsprung vor dem 1. FC Saarbrücken, Alemannia Aachen und Tennis Borussia Berlin erklommen die favorisierten Bayern endlich Deutschlands Fußball-Olymp. Begleitet wurden sie dorthin vom Überraschungsmeister der Regionalliga West - nicht Aachen oder Bielefeld, Wuppertal oder Düsseldorf, Essen oder Münster hatte sich in der spielstärksten Regionalliga durchgesetzt, sondern die "Fohlen" genannte Teenager-Truppe Hennes Weisweilers aus Mönchengladbach. In der zweiten Gruppe der Aufstiegsrunde hielten die Borussen den SSV Reutlingen, Holstein Kiel und Wormatia Worms auf Distanz. Ende Juni 1965 sollte, keiner wußte es in diesem Augenblick vorherzusehen, eine neue Ära beginnen. Die Bundesliga war auf 18 Vereine aufgestockt, das Duo Bayern/Borussia zeitgleich in die Erstklassigkeit befördert und Fußball-Deutschland auf einen Schlag mit den zwei genialsten Figuren seiner

Die goldenen Siebziger: Die Kapitäne Vogts und Gerd Müller bei der Seitenwahl mit Schiedsrichter Redelfs.

Duell der Giganten

jüngeren Geschichte beschenkt worden: mit Franz Beckenbauer und Günter Netzer...

Zwei Seiten einer Medaille

Beckenbauer und Netzer drückten dem deutschen Fußball in den Folgejahren ihren Stempel auf, prägten die Liga, führten erst ihre Vereine, dann auch die Nationalmannschaft zu rauschenden Erfolgen. Sie holten reihenweise deutsche Meisterschaften, DFB-Pokale, Europapokale, UEFA-Cups, Supercups, Trophäen als "Fußballer des Jahres", Europameister- und gar Weltmeistertitel. Sie wurden durch ihre Kickkunst Weltmänner, Legenden, Ikonen, "Fußballgötter" in Herbert Zimmermanns schwärmerischem Sinne. Und sie wurden Rivalen, Kontrahenten, Gegenspieler und polarisierten als solche die Nation. Deutschland war innerlich bereits in CDU oder SPD, Frankenfeld oder Kulenkampff, Beatles oder Stones gespalten. Nun mußte man sich auch noch zwischen Beckenbauer oder Netzer, zwischen Bayern oder Borussia entscheiden. Beides zusammen ging nicht - es gab eine unausgesprochene Unvereinbarkeitsklausel. Wiewohl durch den gemeinsamen Aufstieg so etwas wie Weggefährten und durch das gemeinsame Geburtsjahr 1900 so etwas wie Zwillinge, tat sich schnell eine Kluft auf zwischen den beiden Clubs aus München und Mönchengladbach. 1968, als Bewegung in die Strukturen der Bundesrepublik, Europas, der ganzen Welt gekommen war, als Unterdrückte sich gegen ihre Unterdrücker wandten, Bevormundete gegen ihre Bevormunder, Ohnmächtige gegen Mächtige, als Studenten gegen ihre Professoren wetterten, Langmähnige gegen Meckifrisuren, Kommunisten gegen Revanchisten - in jenem Jahr und den darauffolgenden verkörperten die Bayern und die Borussen unterschiedliche Philosophien, unterschiedliche Prinzipien, unterschiedliche Systeme. Die Bayern standen für Nüchternheit, für Sachlichkeit, für Funktionalität - die Borussen für Radikalität, für Reform, für Utopie. Fußballerische Vorlieben wurden plötzlich zu weltanschaulichen Ideen, die Duelle zwischen München und Mönchengladbach erregten Deutschland bisweilen so sehr wie die Duelle zwischen Kurt-Georg Kiesinger und Willy Brandt. Borussia gegen Bayern - das hieß für viele West gegen Süd, Arm gegen Reich, David gegen Goliath. Borussia gegen Bayern, das hieß für viele Schönheit gegen Erfolg, Links gegen Rechts, Progressivität gegen Pragmatismus. Borussia gegen Bayern, das hieß für viele einfach Gut gegen Böse.

Sekt oder Selters

Die Bayern Beckenbauers galten plötzlich als zu bekämpfendes Establishment und die Borussen Netzers als der libertäre Gegenentwurf. All jene Veränderer, die den protestierenden Studenten, den rebellierenden US-Schwarzen, den haschrauchenden Hippies Sympathien entgegenbrachten und den Taumel der tief verunsicherten BRD-Gesellschaft genüßlich goutierten, hielten es sportlich gesehen ausnahmslos mit Mönchengladbach. Der erfolgsorientierte, unspektakuläre Bayern-Kick erschien ihnen wie das Spiegelbild der verhaßten Gesellschaft, der riskante Hoppla-Hopp-Fußball der Fohlen hingegen wie eine Fortsetzung des politischen Umbruchs mit fußballerischen Mitteln. Mönchengladbach war ihr Vietnam, Borussia ihre APO und Netzer ihr Dutschke.

Auch wenn für gewisse Zeit die APO mit Pop, Protest und Politik die Straßen und die Borussia mit Weisweiler, Heynckes und Netzer die Liga beherrschten - am Ende reformierten sich das Establishment und die Bayern und gewannen ihre Vorherrschaft zurück. In den Siebziger Jahren trugen die Mönchengladbacher und Münchner die Meisterschaften noch unter sich aus. In den Achtzigern trennten sich die Wege: Bayern wurde - finanziell stets auf Rosen gebettet - riesengroß, Borussia - finanziell stets arm wie eine Kirchenmaus - zwergenhaft klein. Aus dem "Kampf der Giganten" war ein Duell ungleicher Brüder geworden.

Seid umschlungen, Millionen!

Das Ende der Rivalität bedeutete Anfang der Achtziger Jahre auch das Ende der Schonzeit. Als in den Siebzigern nur die Bayern und die Borussen für den Meistertitel in Frage kamen, hatten sich beide Clubs ohne große vertragliche Regelungen auf ein Abwerbeverbot geeinigt: Bayern-Spieler waren für die Borussen-Einkäufer, Borussen-Kicker für das Bayern-Management tabu. Auch wenn die Bayern wortbrüchig zu werden drohten und einst heftigst mit Günter Netzer flirteten - der erste Wechsel vom einen Club zum anderen ging erst nach der Europameisterschaft 1980, nach dem Aufstieg der Bayern zum Großclub und dem Niedergang der Borussia zum Mittelmaßverein über die Bühne. Calle Del'Haye brach - Seid umschlungen, Millionen! - den Bann und wechselte von Mönchengladbach nach München. Obwohl der blonde Flitzer in München ein Flop wurde, beäugten die potenten Bayern fortan mit besonders großen Augen jene Talente, die es den klammen Gladbachern möglicherweise abspenstig zu machen galt. Diese "Geld regiert die Welt"-Methode zeitigte Erfolg. 1984 angelten sie sich Lothar Matthäus, 1990 Stefan Effenberg - in der Provinz Mönchengladbach herausragende Figuren, wuchsen sie in der Weltstadt München zu wahren Lichtgestalten. Beide Spieler mußten nach ihrem Wechsel nicht nur am Bökelberg unter dem Negativimage eines "Vaterlandsverräters" leiden - überall hin hätten sie sich verändern dürfen, nur nach München nicht. Von der kleinen Borussia zu den großen Bayern zu gehen, dem Bankier Hoeneß den Vorzug vor dem Sparkassen-Zweigstellenleiter Grashoff zu geben, die fußballerischen Fronten zu wechseln und zum Klassenfeind überzulaufen - das waren fürs Stehplatz-Volk unverzeihliche Fehler, Unsportlichkeiten, Grausamkeiten gar. Aus Liebes- wurden Haßobjekte: Matthäus wie Effenberg mußten sich "Judas"-Schmährufe, Drohgebärden, mitunter auch Handgreiflichkeiten gefallen lassen. Effenberg ist als "Tiger" in Ehren wieder aufgenommen worden - Matthäus erlebt noch elf Jahre nach seinem Abschied aus Mönchengladbach beim Gastspiel am Bökelberg das obligatorische Spießrutenlaufen.

Es dauerte bis 1990, ehe sich umgekehrt die Borussia unter dem neuen Manager Rolf Rüssmann erstmals einen Bayern-Kicker leisten konnte. Es war indes kein Star der Güteklasse Matthäus oder Effenberg, sondern ein Reservist mit Namen Thomas Kastenmaier. Vor dem 31. Jahr kam ein zweiter hinzu: Ende Juni 1995 wechselte Michael Sternkopf den Arbeitgeber

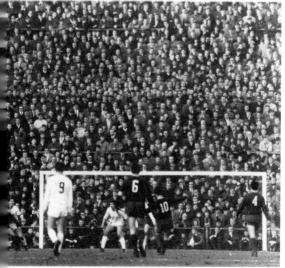

on 1967 elektrisierten die späteren Giganten die Massen, wie hier am Bökelberg.

und bezeichnet sich fortan als Borusse statt als Bayer. Zwei andere hatten vor ihrem Engagement in Mönchengladbach ebenfalls das Bayern-Leibchen getragen, zwischen Isar und Rhein aber noch Umwege und andere Stationen eingelegt. Thomas Herbst, dessen unvollendete Karriere derzeit beim Berliner Amateurligisten Türkiyemspor ausklingt, verdingte sich, bei den Bayern für untauglich erklärt und von den Borussen noch nicht für tauglich befunden, dereinst bei Eintracht Braunschweig. Und Martin Schneider verdiente sich, in München als nicht erstligatauglich eingestuft und in Mönchengladbach noch nicht als bundesligakompatibel entdeckt, erste Profimeriten beim 1. FC Nürnberg.

An der Seitenlinie

Drei Ex-Borussen kickten also später im Bayern-Leibchen, drei einstige Bayern trugen später den Borussen-Dress - und auch drei Trainer saßen bei beiden Vereinen, in beiden Städten auf der Bank. Udo Lattek hatte hier wie dort Erfolg - in München und Mönchengladbach holte die Trainerlegende Titel en masse. Während er bei den Bayern als wahre Lichtgestalt empfunden und deshalb auch in Zeiten des Mißerfolgs an die alte Wirkungsstätte zurückgeholt wurde, hatte er bei der Borussia stets ein schweres Standing. Erstens lag er als disziplinversessener Ostpreuße mit der niederrheinischen "Ma kucken"-Mentalität im Clinch, zweitens war er der Nachfolger des abgöttisch verehrten Hennes Weisweiler, und drittens haftete ihm stets das Etikett "FC Bayern München" an. Wie seinen Ex-Club ließ er bald auch seine neue Mannschaft kicken - der Anfang vom Ende der Borussen-Herrlichkeit, der Anfang vom Ende seiner Gladbacher Trainerjahre. Jupp Heynckes stillte seinen Erfolgshunger mit zwei Meister-

schaften erst bei den Bayern - bei der Borussia mißriet dem ehemaligen Spieler stets der große Wurf. Dem gebürtiger Gladbacher wurde der Wechsel von den Fans nie übel genommen - schließlich hatte er, auch wenn er mit den Bayern den München die Punkte abknöpfte, stets und überall darauf hingewiesen, daß er in seinem Herzen immer ein Borusse bleibe. Das hörten die Krakeeler auf den Rängen gerne - sie feierten ihren einstigen Helden selbst dann, wenn der, sichtlich unwohl in seiner niederrheinischen Haut, für bayrische PR-Aktionen mit Sepplhut und Krachlederner auf Vorzeige-Bajuwar machen mußte. Werner hingegen feierten sie nicht - die Borussia feuerte ihn vielmehr. Der einstige Heynckes-Assistent versagte als Chefcoach auf der ganzen Linie und wurde, nachdem er das frühere Topteam zum Abstiegskandidaten Nr. 1 hatte verkommen lassen, als erster Trainer der Gladbacher Vereinsgeschichte vorzeitig entlassen. Doch wie in Gladbach scheiterte er auch in München - hier indes nicht bei den Profis, sondern bei den Bayern-Jugendlichen.

Für immer und ewig

Beckenbauer und Netzer, Matthäus und Effenberg, Lattek und Heynckes - in der gemeinsamen Aufstiegsstory der beiden 95 Jahre alten Clubs, in ihren brüderlich verbrachten 30 Erstligajahren, in den 61 Bundesliga-Duellen und vier Pokal-Partien steckt alles, was das Fußballherz begehrt: Tränen und Triumphe, Hosiannahgesänge und Haßtiraden, Gegensätze und Gemeinsamkeiten. Die beiden Vereine, die bis zum 2. Oktober 1965 nie gegeneinander angetreten waren, können um die Meisterschaft spielen, im Mittelfeld kicken oder gegen den Abstieg kämpfen - ihre Duelle im Münchner Olympiastadion oder am Gladbacher Bökelberg werden für den Fußballfan an Isar und Rhein immer und für alle Zeiten "Kämpfe der Giganten" bleiben.

Saison 1965/66

Vorhang auf zum ersten Akt

Am 2. Oktober 1965, beide Teams waren seit gut sechs Wochen stolze Erstligisten, kam es am Bökelberg zum ersten Aufeinandertreffen der beiden Mannschaften - dem ersten nicht nur in der Bundesliga, sondern in 65 Jahren Gladbacher und 65 Jahren Münchener Vereinsgeschichte. Die Voraussetzungen für dieses nahezu historische Duell waren nach absolvierten sechs Spieltagen jedoch unterschiedlicher nicht denkbar. Die Borussen mit ihrem vielbewunderten Hurrasturm waren mit 4:2 Punkten ins Erstligadasein gestartet, nach einem 0:0 in Schalke, einem unglücklichen 4:5 gegen Dortmund und einer klaren 0:5-Packung in Hamburg indes von Wolke 7 auf den Boden der Tatsachen zurückgekehrt und von Platz 2 auf Rang 13 abgesunken. Die Bayern hingegen traten auf, als gehörten sie nicht zu den Neuerwerbungen, sondern seit eh und je zum Inventar der Liga. Nachdem ihr Bundesligadebut gegen die lokale Löwen-Konkurrenz durch einen Konietzka-Treffer in der 1. Minute mit 0:1 verloren gegangen war, hatten die Münchner fünf Siege am Stück eingefahren, 19 Tore geschossen und nur drei weitere kassiert. Als stolzer Tabellenführer vor den punktgleichen Schwarz-Gelben aus Dortmund rückten sie am siebenten Spieltag am Niederrhein an - als stolzer Tabellenführer verabschiedeten sie sich wieder.

Was möglicherweise anders gekommen wäre, hätte Schiedsrichter Regely aus Berlin in der 20. Minute sich nicht selbst korrigiert. Da zeigte er nämlich auf den Elfmeterpunkt, nachdem der junge Borussen-Stürmer Heynckes im Strafraum von Bayerns Drescher zu Boden gestoßen wurde

- und gab dann, wie von inneren Zweifeln gepeinigt, klein bei und doch nur Ecke. 13 Minuten später kann dann doch die glückliche Gladbacher Führung durch eine Kooperation mit umgekehrten Vorzeichen: Nicht Netzer bediente Rupp, sondern der Mittelstürmer bediente seinen Regisseur, dessen strammen Schuß Sepp Maier im Münchner Gehäuse trotz aller Flugversuche nicht parieren konnte.

Ob die Bayern ein 2:0 nach etwas mehr als einer halben Stunde weggesteckt hätten, scheint mehr als fraglich - mit zwei Toren in Rückstand gelegen hatten sie schließlich noch nie. Aber einem einzigen Treffer hinterherzurennen - das machte die Münchner erst richtig munter. Nicht die Borussen Hennes Weisweilers stürmten wie die Fohlen, sondern die Bayern Tschik Cajkovskis. Nafziger und Ohlhauser bereiteten Lowin und Vogts viel Mühe, Gerd Müller lieferte sich prächtige Duelle mit seinem aus dem bayrischen Zwiesel importierten Landsmann Heinz Wittmann. Der Ausgleich indes fiel nicht nach einem der fulminanten Sturmläufe der Bayern, sondern nach einem Blackout der Borussia. Als Lowin und Orzessek sich nicht recht zu einigen vermochten, wer sich denn nun der Kugel annähme, erkannte Rainer Ohlhauser die Gunst des Augenblicks und spitzelte den Ball ins verlassene Gladbacher Gehäuse.

Obwohl die Bayern die spürbar bessere Elf stellten, Ball und Gegner kontrollierten und die gefährlichen Gladbacher Spitzen sicher im Griff hatten, schien alles auf ein Unentschieden hinzudeuten. Zu zaghaft waren nach der Pause die Vorstöße der Münchner, beinahe nicht vorhanden die Ausflüge Beckenbauers: Der Trainer hatte seinem größten Talent strikte Defensive verordnet. Nach 78 Minuten aber klingelte es doch noch im Gladbacher Kasten - durch das zweite Riesentalent im Münchner Dress. "Kleines dickes Müller", ein aus Nördlingen verpflichtetes Sturmtalent, zeigte ein Kunststück-

chen der seltenen Art: Der pummelige Mann, der seine vorherigen sechs Bundesligatreffer samt und sonders aus maximal zehn, elf Metern erzielt hatte, wuchtete den Ball urplötzlich aus 20 Metern in die Maschen. Es sollte in der langen und glorreichen Karriere des besten Strafraumspielers aller Zeiten nahezu das einzige Tor aus einer derartigen Distanz bleiben. Da in den verbleibenden Minuten Laumen den Ball nicht an Maier und Waddey das Leder zwar an Maier, aber nicht am auf der Linie postierten Beckenbauer vorbeibekamen, ging das erste Duell der später zu großen Rivalen wachsenden Bundesliga-Neulinge verdientermaßen zugunsten der Bayern aus. Hennes Weisweiler sah das genauso: "Die Bayern haben das Spiel verdient gewonnen. Sie hatten die reifere Spielweise und die stärkere Abwehr." Sein Gegenüber Tschik Cajkovski, nach sieben Spieltagen mit 12:2 Punkten souveränster Tabellenführer der noch jungen Bundesligageschichte, machte neben artigen Komplimenten für die Gastgeber schon mal in nicht unbegründetem Optimismus: "Die Mannschaft, die uns schlagen will, muß etwas zeigen." Die Gladbacher Namensvettern aus Dortmund hatten die Worte des jovialen Jugoslawen wohl vernommen: Sie zeigten eine Woche später hohe Fußballkunst und den Bayern mit einem 2:0 in München erstmals die Grenzen auf.

Borussia: Orzessek, Jansen, Vogts, Milder, Wittmann, Lowin, Laumen, Heynckes, Rupp, Netzer, Waddey. Trainer: Weisweiler
Bayern: Maier, Kupferschmidt, Olk, Drescher, Beckenbauer, Borutta, Nafziger, Gerd Müller, Ohlhauser, Koulmann, Brenninger. Trainer: Cajkovski
Schiedsrichter: Regely (Berlin)
Tore: 1:0 Netzer (33.), 1:1 Ohlhauser (43.), 1:2 Müller (78.)
Zuschauer: 30.000

Links: Der Franz, der kann's:
Beckenbauer ist vor Rupp am Ball.

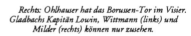

Rechts: Ohlhauser hat das Borussen-Tor im Visier.
Gladbachs Kapitän Lowin, Wittmann (links) und
Milder (rechts) können nur zusehen.

Saison 1965/66

Neue Rolle für Gerd Müller

Abermals war es Gerd Müller, der das Rückspiel im Stadion an der Grünwalder Straße entschied. Allerdings nicht in seiner üblichen Rolle als Torjäger - der stämmige Bajuware, mit bis dato 14 Toren in 23 Spielen hinter Emmerich (BVB), Konietzka (1860) und Pohlschmidt (HSV) vierter der Torschützenliste, enthielt sich diesmal seines Torhungers zur Gänze. Stattdessen wurde der seinerzeit 20jährige von Trainerfuchs Tschik Cajkovski aus der Sturmmitte herausgenommen und - man höre und staune! - zum Sonderbewacher von Günter Netzer erklärt. Ein einmaliges Manöver, ein genialer Schachzug, ein nie wieder praktizierter taktischer Kniff - doch er ging auf. Die Gladbacher, in den ersten 45 Minuten trotz eines 2:3-Rückstandes das technisch und spielerisch reifere Team, kamen nach der Pause nicht mehr auf Touren. Netzer, der sich gegen Drescher so glänzend in Szene gesetzt und seine Spitzen Heynckes und Rupp so vortrefflich bedient hatte, sah gegen Müller plötzlich kein Land mehr. Und auch seine Torgefährlichkeit wußte Gladbachs Regisseur, der Dreschers Freistoßtor bereits in der 12. Minute zum zwischenzeitlichen 1:1 egalisiert hatte, fortan nicht mehr unter Beweis zu stellen.

Das tat auf der Gegenseite ein anderer - und das mit Nachdruck. Hans Nowak, ein dynamischer Ex-Nationalspieler mit Schalker Vergangenheit, avancierte in seinem ersten Saisonspiel für die Bayern, seinerzeit Tabellendritter zwei Punkte hinter Spitzenreiter Dortmund, zum Matchwinner. Nach langer Verletzungspause noch mit merklichen Konditionsrückständen ausgestattet, tauschte er mit Peter Kupfer-

schmidt die Plätze und stürzte die Gladbacher Verteidigung als offensiver Mittelfeldspieler von einer Verlegenheit in die andere. Der zweitbeste Sturm der Liga - Müller, Brenninger, Ohlhauser, Nafziger und Co. - war bei Jansen, Lowin, Wittmann und vor allem Youngster Berti Vogts, dem Bundestrainer Helmut Schön nachdrücklich das Prädikat "ausgezeichnet" verlieh, bestens aufgehoben. Nur auf Hans Nowak hatte so recht niemand ein Auge: Mit zwei Toren in der 38. und 43. Minute kippte der Alt-Internationale das Spiel für die Bayern, das sie genauso gut hätten verlieren können. Doch Netzer, Heynckes und Rupp waren ohne die etatmäßigen Sturmpartner Laumen und Waddey längst nicht so effektiv wie in glorreichen Regionalligazeiten. Zwar gelang den Gästen mit dem Pausenpfiff noch das 2:3 durch einen Milder-Strafstoß, doch Brenninger und Koulmann schraubten das Ergebnis nach dem Wechsel gar auf 5:2. Daß es nicht noch höher ausfiel, verdankten die Borussen nicht zuletzt ihrem pummeligen Orzessek. Der Schlußmann, mit Schalke 1958 bereits einmal deutscher Meister geworden, hielt die tollsten Dinger - fünfmal indes war er machtlos.

*Rechts: Ausgleich in Gladbach:
Ohlhauser spitzelt den Ball über
Orzessek zum 1:1 ins Netz.*

*Links: Nochmal gutgegangen!
Fünf Tore kassiert Gladbachs Keeper
Orzessek in München - diesmal klärt
er vor Brenninger.*

Saison 1966/67

Amigos und Borussenschrecks

Herbert Laumen behauptet sich gegen die Bayern-Verteidiger Olk (li.) und Rigotti.

Bereits am fünften Spieltag der Saison 1966/67 trafen die Münchner und die Mönchengladbacher erneut aufeinander. Im dritten Duell siegten ein drittes Mal die Münchner, diesmal mit 4:3 - doch es hätte genauso gut auch umgekehrt lauten können. Die Bayern, die ihre erste Erstligasaison mit einem sensationellen dritten Platz beendet hatten und die Borussen, die in der Abschlußtabelle auf einem respektablen 13. Rang standen, lieferten sich ein Duell, das die Zuschauer von den Sitzen riß und sie zu wahren Begeisterungsstürmen animierte. Bundestrainer Helmut Schön resümierte noch ganz außer Atem: "Tempogeladen, gespickt mit herrlichen Szenen und sieben Toren". 1860-Keeper Petar Radenkovic dagegen begnügte sich mit einer einzigen Vokabel: "Phantastisch!"

Dieses phantastische Duell lieferten sich in etwa die gleichen Teams wie ein halbes Jahr zuvor. Auf beiden Seiten gab's jeweils zwei neue Kicker zu bestaunen: Im Bayern-Dress spielten der junge Werner (Trainer Cajkovski: "Mein Schwarzarbeiter") und ein dynamischer Newcomer namens Franz "Bulle" Roth, in Gladbacher Leibchen der vom Amateurligisten Borussia Brand gekommene Flügelstürmer Herbert Wimmer und der neue Keeper Volker Danner.

Daß mit dem vom 1. FC Saarbrücken verpflichteten Torwart der erste Punktgewinn gegen die Bayern gelingen möge - diese Hoffnungen der Gladbacher bekamen schon nach einer Viertelstunde ihren ersten Dämpfer. Werner Olk, ein robuster Münchner Abwehrrecke mit der Erfahrung eines Länderspiels aus dem Jahr 1961, drosch das Leder aus 30 Metern gen Gladbacher Gehäuse - und Danner ließ den haltbaren Ball zur Bayern-Führung passieren. Lapsus Nummer zwei 25 Minuten später: Nach einer Nafziger-Ecke griff der neue Borussen-Zerberus erneut ins Leere und ermöglichte Brenninger ein Kopfballtor, das die Bayern, nachdem Heynckes acht Minuten zuvor ausgeglichen hatte, wieder mit 2:1 in Führung brachte. Entschieden war das Spiel damit noch lange nicht - im Gegenteil. Da Gladbachs Star Günter Netzer, kurz zuvor Nationalspieler geworden, diesmal eine Kunstpause einlegte, schlüpfte der wendige und technisch hochtalentierte Gerhard Elfert in dessen Regisseurs-Rolle. "Amigo", im August 1965 erster Bundesligatorschütze der Borussia, bereitete nach dem Heynckes-1:1 auch das 2:2 durch Wimmer noch vor der Pause vor. Als dann Laumen kurz nach Wechsel gar eine Heynckes-Flanke zum 3:2 für die Borussia einnickte, schien sich das Blatt binnen weniger Minuten gewendet zu haben. Doch einmal mehr bog der leibhaftige Borussen-Schreck das Spiel zugunsten der Bayern um. Gerd Müller, als Torschütze und Netzer-Bewacher in den beiden vorangegangenen Partien jeweils Borussias Spielverderber, traf nach 63 und 68 Minuten gleich doppelt. Die Konsequenzen: Bayern siegte 4:3, und Gerd Müller war mit fünf Toren in fünf Spielen schon wieder Deutschlands treffsicherster Schütze.

TEAMS:

Bayern: Maier, Nowak, Olk, Rigotti, Beckenbauer, Kupferschmidt, Nafziger, Gerd Müller, Roth, Werner, Brenninger.
Trainer: Cajkovski
Borussia: Volker Danner, Wittmann, Vogts, Milder, Pöggeler, Elfert, Herbert Wimmer, Laumen, Heynckes, Netzer, Rupp.
Trainer: Weisweiler
Schiedsrichter: Spinnler (Mainz)
Tore: 1:0 Olk (15.), 1:1 Heynckes (31.), 2:1 Brenninger (39.), 2:2 Wimmer (41.), 2:3 Laumen (48.), 3:3 Müller (63.), 4:3 Müller (68.)
Zuschauer: 27.000

21 Mann und eine Statue

Der Optimismus am Bökelberg war so groß wie nie zuvor: Am 22. Spieltag, im vierten Versuch seit dem Bundesligaaufstieg, würden die Mönche erstmals zwei Punkte gegen die Münchner einfahren. In der Tat sprachen die Fakten für die Fohlen. Sie standen um zwei Punkte (23:19) und vier Plätze (Tabellenrang 5) vor den Bayern, hatten dank Laumen, Rupp, Netzer und Heynckes mit 46 Treffern den besten Sturm der Liga. Dazu kam die eklatante Münchner Formschwäche: Aus den vorangegangenen vier Spielen gegen Frankfurt, Düsseldorf, Hannover und Karlsruhe hatten die Cajkovski-Jungs kümmerliche 1:7 Punkte ergattert. Doch bereits im Februar 1967 zeigten sich die Unterschiede zwischen den beiden Clubs, die in den großen Siebziger Jahren noch deutlicher zutage treten sollten. Die Borussen spielten rauschhaft, schön, offensiv - aber unglücklich. Die Bayern spielten abgeklärt, nüchtern, vorsichtig - und erfolgreich. Ganze zweimal ging Bayerns Superstar Franz Beckenbauer als Abwehrorganisator über die Mittellinie - zum Sieg in Mönchengladbach reichte es trotz derartigem Minimalismus erneut. Während Bulle Roth schon nach drei Minuten von einer Unsicherheit Egon Milders profitierte und Rainer Ohlhauser sein zehntes Saisontor nach einem Wittmann-Schnitzer erzielen konnte, ging der gefürchtete Gladbacher Wundersturm komplett leer aus. Die Weisweiler-Schützlinge produzierten zwar einen Dauerdruck mit einem Eckenverhältnis von 16:3, trafen durch Netzer und Wimmer gleich zweimal das Gebälk des vom Maier Sepp gewohnt souverän gehüteten Gehäuses -

doch den einzigen Treffer für die Borussen hatte ein Bayer zu verantworten. Der junge Vorstopper Hans-Georg Schwarzenbeck, allenthalben ob seiner rustikalen Spielweise nur "Katsche" gerufen, verlängerte einen Rupp-Kopfball ins eigene Netz. Mit Glück, Geschick und einer ungewohnten Härte retteten die cleveren Münchner das Ergebnis über die Zeit. Koulmann, Roth und Olk foulten, was das Zeug hielt, und raubten damit den körperlich unterlegenen Gladbachern zunehmend den Elan. Den Ausfall von Heinz Lowin hatten die Bayern hingegen nicht zu verantworten: Der Gladbacher Abwehrspieler war mit seinem eigenen Tormann zusammengerasselt und für den Rest der Partie nicht mehr anspielbar. Da Auswechslungen erst ab der kommenden Saison zugelassen waren, spielte Invalide Lowin in der 2. Halbzeit eine "Statue" auf der rechten Angriffsseite und die Borussia dadurch mit zehn gegen elf.

Wimmer (links) und Laumen (rechts) im Duell mit ihren Gegenspielern Schwarzenbeck (2.v.L.) und Roth. Erneut siegen die Bayern.

Teams:

Borussia: Volker Danner, Lowin, Milder, Wittmann, Vogts, Elfert, Netzer, Herbert Wimmer, Laumen, Heynckes, Rupp.
Trainer: Weisweiler

Bayern: Maier, Kupferschmidt, Schwarzenbeck, Nowak, Beckenbauer, Olk, Ohlhauser, Koulmann, Nafziger, Gerd Müller, Roth.
Trainer: Cajkovski

Schiedsrichter: Ott (Bad Hönningen)
Tore: 0:1 Roth (3.), 0:2 Ohlhauser (69.),
1:2 Schwarzenbeck (72., Eigentor)
Zuschauer: 35.000

Bilanz der Saison
Mönchengladbach: Platz 8,
34:34 Punkte (12/10/12),
70:49 Tore
Bayern München: Platz 6,
37:31 Punkte (16/5/13),
62:47 Tore

Saison 1967/68

Neuer Torwart, doch kein neues Glück: Gerd Müller überwindet erst Berti Vogts und dann Keeper Volker Danner zum 2:0.

Tschiks rundes Jubiläum

Es war ein kleines Jubiläum im Duell Bayern gegen Borussia, ein etwas größeres Jubiläum im Duell Cajkovski gegen Weisweiler. Im fünften Spiel der Vereinskontrahenten gab's den fünften Sieg der Münchner, im zehnten Aufeinandertreffen der Trainer den zehnten Erfolg des Jugoslawen: Schon als er den 1. FC Köln betreut hatte, war er gegen Hennes Weisweiler und dessen Kölner Viktoria alle fünf Male Sieger geblieben.

Den neuerlichen Erfolg über die Mönchengladbacher errang Cajkovski zwar ohne den verletzten Beckenbauer, ansonsten aber mit vertrauter Mannschaft: Der frischgebackene Europapokalsieger verließ sich in der neuen Saison ganz aufs altbewährte und weitgehend nationalmannschaftserprobte Personal. Die Gladbacher indes hatten ihre Mannschaft durcheinanderwirbeln müssen. Die Sturmspitzen Heynckes und Rupp waren dem Lockruf des Goldes in Richtung Hannover bzw. Bremen erlegen, an ihrer Stelle hatte man Linksaußen Ackermann aus Münster und Düsseldorfs bulligen Mittelstürmer Peter Meyer in die Stammelf eingebaut.

Besonders Letzterer hatte sich in den vorangegangenen acht Saisonspielen den Ruf eines Strafraumungeheuers erworben: Neunmal hatte "Pitter" in dieser kurzen Zeit bereits getroffen, 23 mal die gesamte Gladbacher Angriffsreihe.

Doch einmal mehr riß eine derart imponierende Serie beim Aufeinandertreffen der Borussen mit den Bayern. Die drittplazierten Münchner kauften dem Tabellenzweiten aus Mönchengladbach früh den Schneid ab, ließen Laumen und Meyer nicht zur Entfaltung kommen und

setzten ihrerseits auf stürmische Offensive mit einem verbesserten Brenninger und einem sensationell auftrumpfenden Nafziger auf den Außenpositionen. Wie schon 18 Monate zuvor, wurde allerdings ein ganz anderer zum Helden des Tages: Nach langer Verletzungspause erst zum zweiten Mal in dieser Saison als Beckenbauer-Ersatz zum Einsatz gekommen, war Hans Nowak Antreiber, Ballverteiler und Torschütze in einer Person. Nachdem Ohlhauser sein fünftes Saisontor und Gerd Müller sein erstes Feldtor in der neuen Spielzeit erzielt hatten, gelang dem Altinternationalen noch vor der Pause mit einem "raffinierten Schlenzball" (*kicker*) das 3:0 und damit die frühe Entscheidung. Für die nimmermüden, jedoch resignierenden Gladbacher reichte es nur noch zu einem Anschlußtor durch Netzers verwandelten Elfmeter: Olk hatte zuvor einen Ball im eigenen Strafraum mit der Hand gespielt. Die Ergebniskorrektur schmerzte die

Bayern nicht sonderlich: Sie waren nach diesem neuerlichen Sieg über die Gladbacher den noch niederlagenlosen Nürnbergern als schärfster Verfolger auf den Fersen.

Teams:

Bayern: Maier, Kupferschmidt, Nowak, Olk, Schwarzenbeck, Roth, Koulmann, Nafziger, Ohlhauser, Gerd Müller, Brenninger.
Trainer: Cajkovski

Borussia: Volker Danner, Wittmann, Vogts, Milder, Pöggeler, Dietrich, Netzer, Herbert Wimmer, Laumen, Meyer, Ackermann.
Trainer: Weisweiler

Schiedsrichter: Linn (Altendiez)

Tore: 1:0 Ohlhauser (14.), 2:0 Müller (34.), 3:0 Nowak (40.), 3:1 Netzer (Elfmeter, 69.)

Zuschauer: 34.000

Ein Held für einen Tag

Nach Spielschluß schien es, als sei am Bökelberg ein neuer Held geboren worden. In die umformierte Borussen-Abwehr nämlich hatte Coach Hennes Weisweiler einen der eigenen Jugend entwachsenen Youngster stellen müssen: Erwin Spinnler. Und der junge Mann, dessen erste Bundesligaversuche Monate zuvor "noch kopfschüttelnd verlacht" ("kicker") worden waren, verdammte Bayern-Linksaußen Dieter Brenninger zur Bedeutungslosigkeit und wurde mit couragierter Leistung zum besten Akteur auf dem Feld. Weisweiler lobte das "hervorragende Spiel" des Nachwuchskickers, Gästetrainer Tschik Cajkovski hieß ihn einen "Klassemann", und der "kicker" prognostizierte gar, "daß ihm ein Stammplatz in der Mannschaft sicher ist".

Doch Spinnler sollte nie den Durchbruch schaffen und Monate später entnervt zu Kickers Offenbach wechseln - nicht der einzige Irrtum im Rahmen dieses durchschnittlichen Spiels der Liga-Emporkömmlinge.

Vor dem Anpfiff nämlich hatte Gladbachs Stürmer Herbert Laumen abergläubisch noch einen Blumenstrauß fürs Nationalelf-Debut abgelehnt - eine solche Gabe, so argumentierte der auf Sieg gepolte Kämpe, hätte der Borussia in der Vergangenheit stets Pech gebracht. Und Bayern-Trainer Cajkovski spekulierte nach dem Abpfiff gar noch auf die deutsche Meisterschaft: "Der Club muß noch zu uns nach München, und wir hoffen, wir hoffen..."

Doch alles Münchner Hoffen, alle Gladbacher Blumenabstinenz nutzte nichts: Die Gastgeber konnten wieder nicht gegen die Bayern gewinnen, und die Gäste mußten sich am Ende gar mit Rang 5 zufriedengeben. Am Bökelberg indes hatte es trotz des 1:1-Endstandes lange Zeit so ausgesehen, als stünden zum Saisonschluß die Beckenbauer-Buben vor den Netzer-Jünglingen. Die Münchner waren, trotz eines kräftezehrenden Europapokal-Spiels wenige Tage zuvor, die spritzigere, ideenreichere, gefährlichere Mannschaft. Doch obwohl Rainer Ohlhauser seinem Widerpart Vogts einen mehr als unruhigen Nachmittag bereitete, gelang seinem Team gegen die wackelige Gladbacher Hintermannschaft nur das eine obligatorische Müller-Tor. Was möglicherweise gegen die vehementen, aber nur wenig durchdachten Borussen-Angriffe zu einem doppelten Punktgewinn gereicht hätte. Doch Katsche Schwarzenbecks Strafraum-Grätsche gegen den enteilten Ackermann machte alle Hoffnungen zunichte - Netzer egalisierte per Elfmeter zum 1:1-Endstand.

Saison 1968/69

Ein "Flieger" im Nebel

Mit neuem ausländischen Personal gedachte der FC Bayern in diesem Jahr endlich den ersehnten Meistertitel zu holen. Die Namen, die zur neuen Saison auf der Lohnliste der "Roten" standen, waren denn auch nicht von Pappe. Der Österreicher Peter Pumm hatte als Außenverteidiger etliche Male die Abwehr der Nationalmannschaft verstärkt, sein Landsmann Gustl Starek als Mittelfeldmotor den fränkischen Rivalen 1. FC Nürnberg wenige Monate zuvor zur deutschen Meisterschaft geführt. Und auf den Jugoslawen Tschik Cajkovski folgte auf dem Trainerstuhl der Jugoslawe Branco Zebec - der einstige Klassespieler hatte auch als Trainer von Dinamo Zagreb geglänzt.

Hochkarätig verstärkt, hatten sich die Bayern prompt an der Tabellenspitze festgesetzt und gegen die Elf vom Niederrhein einen neuerlichen Heimsieg eingeplant. Der wohl auch fällig gewesen wäre, hätte zwischen den Gladbacher Pfosten nicht ein Volker Danner in superber Form gestanden. Der Ex-Saarbrücker brachte bei dichtem Nebel die schußgewaltigen und schußfreudigen Münchner schier zur Verzweiflung - seinem Spitznamen "Flieger" machte der Schlußmann gegen Müller, Brenninger, Ohlhauser und Roth alle Ehre. Der "Teufelskerl" (*kicker*) parierte meisterhaft, was der überragende Vogts und der vom Amateurligisten Soest nach Gladbach gewechselte Hartwig Bleidick nicht aufzuhalten vermocht hatten. Die ansonsten so torgefährlichen Gladbacher kamen binnen 90 Minuten zu ganzen zwei Torchancen, 95 Prozent des Geschehens spielten sich vor Danners Kasten ab. Mitunter stand mit Acker-

mann, Laumen und dem aus Stuttgart verpflichteten Horst Köppel die komplette Sturmreihe am eigenen Strafraum - bei 16:3 Ecken zugunsten der Gastgeber gab es schließlich jede Menge Arbeit zu verrichten.

Die Münchner waren trotz der Torlosigkeit und des Punktverlustes nicht allzu traurig nach diesem 16. Spieltag - sie hatten ihrem Publikum eine spielerisch und kämpferisch großartige Vorstellung geboten und sich den inoffiziellen Titel des Herbstmeisters gesichert. Ärgerlich waren sie möglicherweise nur, daß die "Mönche" ihren Spielgestalter Günter Netzer nicht hatten aufbieten können. Dreimal war der zuvor mit seiner Mannschaft in München aufgekreuzt - dreimal waren die Bayern Sieger geblieben. Selbstironisch gab das "Münchner Maskottchen" Netzer nach Spielschluß denn auch zu Protokoll: "Mit mir hätte die Borussia bestimmt 0:1 verloren..."

Bayern: Maier, Beckenbauer, Kupferschmidt, Schwarzenbeck, Pumm, Olk, Starek, Roth, Ohlhauser, Gerd Müller, Brenninger. Trainer: Zebec.
Borussia: Volker Danner, Vogts, Helmut Kremers, Bleidick, Spinnler, Herbert Wimmer, Pöggeler, Milder, Köppel, Laumen, Ackermann. Trainer: Weisweiler.
Schiedsrichter: Herden (Hamburg)
Tore: keine.
Zuschauer: 35.000

Saison 1968/69

Mit Sommerfußball zur Meisterschaft

Wenn am vorletzten Spieltag einer Saison der Tabellenführer auf den unmittelbaren Verfolger trifft, ist in der Regel ein Spitzenspiel, ein großes Duell um die deutsche Meisterschaft zu erwarten. Aber die Dramatik war längst raus aus dieser so vielversprechend anmutenden Partie: Die Bayern hatten vor dem 33. Spieltag stolze sieben Punkte Vorsprung vor den Borussen und waren schon eine Woche zuvor nach dem 5:1 über Kickers Offenbach zum neuen Klassenbesten gekürt worden.

Entsprechend locker gingen die Münchner das Prestigeduell am Bökelberg an - zwar mit ihrer Bestbesetzung, aber ohne den Druck des unbedingten Gewinnen-Müssens. Die Borussia indes hatte zumindest noch ein kleines Ziel vor Augen: Erstmals seit dem Bundesligaaufstieg gegen die Bayern zu gewinnen. Doch ohne Regisseur Netzer ging auch der insgesamt achte Versuch in die Hose: Man trennte sich leistungsgerecht 1:1.

Die Bayern, von Erfolgstrainer Branco Zebec optimal eingestellt und vom Österreicher Gustl Starek hervorragend dirigiert, waren die abgeklärtere, die harmonischere, die bessere Mannschaft. Daß ihnen nicht mehr als das eine Tor durch Linksaußen Brenninger gelang, lag an der sonst so häufig kritisierten Gladbacher Abwehr. Wolfgang Kleff, seit sieben Spielen für den verletzten Volker Danner zwischen den Pfosten, hielt glänzend, Amateurnationalspieler Bleidick ließ Roth wenig Spielraum. Und der "Terrier" Berti Vogts spielte einen ausgezeichneten Not-Libero.

Dafür war der Angriff, einstiger Parade-Mannschaftsteil der Borussen, mit Laumen, Acker-mann, Köppel und dem erst in späteren Schalker Zeiten zu einem Weltklassestürmer wachsenden Jüngling Erwin Kremers gegen die routinierte Bayern-Abwehr überfordert. Ein Treffer gelang immerhin: Herbert Laumens 14. Saisontor bescherte das dritte Remis der großen Rivalen hintereinander. Der erste Gladbacher Sieg sollte weiter auf sich warten lassen.

Alle auf die "9": Mit vereinten Kräften stemmen sich Berti Vogts (links) und Kollege Hartwig Bleidick (rechts) gegen kleines dickes Müller.

Borussia: Kleff, Vogts, Herbert Wimmer, Pöggeler, Wittmann, Schäfer, Milder, Laumen, Erwin Kremers (72. Spinnler), Köppel, Ackermann. Trainer: Weisweiler

Bayern: Maier, Olk, Beckenbauer, Schwarzenbeck, Pumm, Ohlhauser, Starek, Schmidt, Roth, Gerd Müller, Brenninger.
Trainer: Zebec

Schiedsrichter: Ohmsen (Hamburg)

Tore: 1:0 Laumen (10.), 1:1 Brenninger (31.)

Zuschauer: 19.500

Bilanz der Saison
Mönchengladbach: Platz 3, 37:31 Punkte (13/11/10), 61:46 Tore
Bayern München: Platz 1, 46:22 Punkte (18/10/6), 61:31 Tore

Saison 1969 / 70

Ein Kaiser wird König

Die Mönchengladbacher Zuschauer kamen aus dem Staunen nicht heraus: Was die Bayern, die Wochen zuvor verdient und haushoch überlegen deutscher Meister geworden waren, in den ersten 45 Minuten boten, verdiente allerhöchste Hochachtung und das uneingeschränkte Prädikat "Weltklasse". Die Münchner, durch den Lauterer Herward Koppenhöfer in der Abwehr gegenüber dem Vorjahr nochmals verstärkt, hatten sich gleich am ersten Spieltag beim 4:0 gegen Rot-Weiß Essen in einen Rausch gespielt - einen Rausch, den sie als erster Tabellenführer der neuen Saison auf den Bökelberg hinüberretteten. Trotz "Nieder mit dem Bayern-Pack"-Gesängen: Die "Roten" spielten einen kombinationssicheren Fußball, führten die Gladbacher nach allen Regeln der Kunst vor, ließen den Ball minutenlang durch die eigenen Reihen laufen, ohne daß ein Borusse sich des Leders zu bemächtigen wußte. Selbst Günter Netzer blieb angesichts der Münchner Gala-Darbietung nichts als Sprachlosigkeit: "Was die Bayern da in der ersten Halbzeit gespielt haben... das gibt es überhaupt nicht."

Schon nach elf Minuten hatte Starek die rotweiß Gestreiften in Führung gebracht. Diesen knappen Vorsprung hätte allein Rainer Ohlhauser, im Jahr zuvor immerhin zweitbester Bayern-Stürmer, ins Unermeßliche ausweiten können. Zum panischen Entsetzen der Gladbacher Anhänger war der flinke Stürmer gleich mehrmals nach Traum-Kombinationen frei vor Kleff aufgetaucht, um den Ball dann doch nicht ins, sondern neben das Tor oder in die Arme des bemitleidenswerten Gladbacher Keepers zu

schießen. "Das kann doch vorkommen", wehrte sich der unglückselige Ohlhauser nach dem Spiel gegen erbitterte Vorwürfe der Kollegen, er habe ihnen eine sicher geglaubte Siegprämie gestohlen, "ich hab doch nichts verbrochen..."

In der Tat, strafrechtlich war dem Mann nichts vorzuwerfen - aber den Bayern-Sieg, über den vor dem Wechsel nur hinsichtlich der Höhe Zweifel aufkamen, hatte er nahezu allein verschludert. Die Bayern nämlich - seit dem Bundesligaaufstieg Europapokalsieger, DFB-Pokal-Gewinner, Deutscher Meister geworden - waren den noch titellosen Mitkonkurrenten aus Mönchengladbach in allen Belangen überlegen. Und verloren dennoch - Wunder gibt es laut Katja Ebstein eben immer wieder - mit 1:2.

Warum das so war, erklärte am treffendsten "Bulle" Roth: "Weil die Mönchengladbacher ausgewechselt haben". Waren zu Spielbeginn mit den Abwehrrecken Luggi Müller und Sieloff sowie dem dänischen Linksaußen Le Fèvre bereits drei neue Spieler in den blütenweißen Gladbacher Leibchen aufgelaufen, so präsentierte Trainer Hennes Weisweiler zu Beginn der zweiten Halbzeit sogar ein viertes bis dato unbekanntes Gesicht. Für den ehemaligen Goalgetter Peter Meyer, der nach anderthalbjähriger Verletzungspause einen Comebackversuch unternahm und nach 45 entsetzlichen Minuten einen endgültigen Schlußstrich unter seine Profikarriere ziehen mußte, kam nach dem Wechsel ein Unbekannter namens Werner Kaiser. Schon drei Minuten nach seiner Einwechselung wurde aus Kaiser, einem Youngster aus der eigenen Jugend, der König vom Bökelberg: Einen Netzer-Freistoß nickte der Nachwuchsmann, der in nur zehn Spielen für die Borussia vier Treffer markieren und anschließend in Saarbrücken und Theley in den Niederungen der Regionalliga Südwest versinken sollte, am Nationaltorwart Maier vorbei in die Münchner Maschen. Und als dann noch der große Regisseur Netzer verletzt aufgeben und

man sich zusätzliche Sorgen um die Borussia machen mußte, kam der Auftritt des zweiten Jokers. Netzer-Ersatz Peter Dietrich ließ eine Flanke in den Strafraum segeln, und Herbert Laumen machte das zweite Kopfballtor gegen die konsterniert dreinblickenden Bayern.

Beim 2:1 für die Borussen blieb es, weil Gerd Müller, am ersten Spieltag gleich dreimal erfolgreich, diesmal Pech hatte und in der 75. Minute aus drei Metern nur die Lattenunterkante des Gladbacher Kastens traf. Die Bayern, turmhoch überlegen und eine spielerische Augenweide, hatten sich zur Überraschung aller noch niederkämpfen lassen. Und die Gladbacher hatten es endlich vollbracht: In ihrer neunten und zugleich schwächsten Partie gegen den Mitaufsteiger von 1965 war ihnen endlich der erste Sieg gelungen.

Borussia: Kleff, Vogts, Luggi Müller, Sieloff, Bleidick, Laumen, Schäfer, Netzer (56. Dietrich), Köppel, Meyer (46. Kaiser), Le Fèvre. Trainer: Weisweiler

Bayern: Maier, Koppenhöfer, Schwarzenbeck, Beckenbauer, Pumm, Ohlhauser, Starek (51. Michl), Schmidt, Roth, Gerd Müller, Brenninger. Trainer: Lattek

Schiedsrichter: Schulenburg (Hamburg)

Tore: 0:1 Starek (11.), 1:1 Kaiser (48.), 2:1 Laumen (70.)

Zuschauer: 32.000

Links: ...und wieder mal vorbei: Ohlhauser, Maier und Laumen (von links) verfolgen gespannt den Flug des Balles.

Rechts: Laumen (3.v.l.) jubelt über Kaisers 1:1 und sorgt später selbst für den ersten Sieg gegen die Bayern. Beckenbauer, Ohlhauser und Maier gefällt das gar nicht.

Saison 1969/70

Mit dem Fußballgott im Bunde

Als am 15. April 1970 das ursprünglich für den 17. Januar terminierte Duell zwischen den beiden Rivalen nachgeholt werden konnte, half für die Bayern in Sachen Titelverteidigung nur noch beten. So jedenfalls sah es ein junger Anhänger von Maier, Müller und Co. angesichts des deutlichen Tabellenvorsprungs der meisterschaftsverdächtigen Gladbacher - nach vier Minuten rannte er mitsamt seiner Riesenfahne aufs Spielfeld und flehte, in demütiger Bittstellung vor Maier niederknieend, alle verfügbaren Fußballgötter um Beistand an. Die ließen sich nach derlei Unterwürfigkeit auch nicht lumpen - Bayern gewann mit Unterstützung höherer Mächte 1:0 und machte das Rennen um die Meisterschaft vier Runden vor dem Ende doch noch einmal spannend.

Spannend war die Begegnung selbst hingegen nicht. Einbahnstraßen-Fußball gab's zu sehen - nahezu 90 Minuten unentwegt in Richtung Kleff. Doch Müller, Ohlhauser, Brenninger und der junge Mrosko brachten den neuen Coach (und späteren Gladbacher Trainer) Udo Lattek schier zur Verzweiflung: Mehr als das eine Tor, das "Bulle" Roth nach 28 Minuten in die Maschen gedroschen hatte, wollte einfach nicht fallen. Während es hüben Gelegenheiten zu fünf, sechs weiteren Treffern gab, bot sich drüben eine einzige nennenswerte Chance. Symptomatischerweise war es kein Stürmer, der den Ball hinter dem deutschen Nationaltorwart hätte versenken können, sondern Abwehrroutinier Berti Vogts. Da Tore zu verhindern statt sie zu schießen des "Terriers" vorrangige Aufgabe war,

ließ der kleine Gladbacher die Möglichkeit ungenutzt.

Die Bayern kamen durch das mehr als verdiente 1:0 noch einmal heran an die zuvor elfmal in Folge unbesiegt gebliebenen, zum Saisonende aber merklich schlapp machenden Mönche - mehr als die Vizemeisterschaft sprang für die entthronten Bajuwaren dennoch nicht heraus. Die jungen Gladbacher feierten im fünften Jahr ihrer Bundesligazugehörigkeit endlich die von vielen Fußballfans erwartete und erhoffte erste Meisterschaft. Zusätzlich erhielten die Gladbacher für ihren erfolgreichen Angriffsfußball eine Honorierung besonderer Art: Für das bevorstehende WM-Turnier in Mexiko hatte Bundestrainer Schön mit Luggi Müller, Sieloff, Vogts, Netzer, Dietrich, Laumen, Köppel und Herbert Wimmer gleich acht Borussen (und mit Maier, Gerd Müller, Beckenbauer, Roth und Brenninger fünf Bayern) in den vorläufigen 40-Mann-Kader berufen...

Bayern: Maier, Koppenhöfer, Beckenbauer, Schwarzenbeck, Kupferschmidt, Ohlhauser, Roth (63. Michl), Schmidt, Mrosko, Gerd Müller, Brenninger. Trainer: Lattek
Borussia: Kleff, Bleidick, Sieloff, Luggi Müller, Schäfer, Vogts, Netzer, Dietrich, Herbert Wimmer, Laumen, Köppel.
Trainer: Weisweiler
Schiedsrichter: Herden (Hamburg)
Tore: 1:0 Roth (28.)
Zuschauer: 40.000

Bilanz der Saison
Mönchengladbach: Platz 1,
51:17 Punkte (23/5/6),
71:29 Tore
Bayern München: Platz 2,
47:21 Punkte (21/5/8),
88:37 Tore

Der erste Sieg über die Bayern und dann gleich die Meisterschaft: Günter Netzer präsentiert die Schüssel nach Gladbach erfolgreichster Saison.

Saison 1970/71

Beckenbauers Blackout

Nach Favoriten für die neue Saison gefragt, fielen Fußball-Deutschlands Experten immer nur zwei Namen ein: die der Borussia und der Bayern, des amtierenden Meisters und seines Vorgängers. Keine andere Mannschaft hatte Spielerpersönlichkeiten wie Beckenbauer oder Netzer, kein anderes Team hatte Torjäger wie Müller oder Laumen, keine andere Elf hatte Klassekeeper wie Maier oder Kleff im Kader. Zudem hatten sich beide Clubs optimal verstärkt. München hatte sich den dänischen Nationalverteidiger Johnny Hansen, Hannovers Mittelfeldas Rainer Zobel und Braunschweigs Flügelstürmer Erich Maas an Land gezogen, Gladbach stand neben Youngster Rainer Bonhof vom Amateurligisten SuS Emmerich Rückkehrer Jupp Heynckes nach unbefriedigenden drei Jahren Hannover wieder zur Verfügung.

Beim Duell am sechsten Spieltag allerdings ließ Hennes Weisweiler den heimgekehrten Stürmer erst einmal auf der Bank schmoren - die meisterschaftserprobte Sturmreihe hatte in den vorherigen fünf Begegnungen ihr Soll erfüllt und die Gladbacher mit 8:2 Punkten und 11:2 Toren prompt wieder an die Tabellenspitze geschossen. In München allerdings mußte der Meister erstmals in dieser Saison einem Rückstand hinterherrennen: Georg Schwarzenbeck, drei Jahre zuvor noch unglücklicher Eigentorschütze, hatte diesmal die korrekte Richtung anvisiert und Wolfgang Kleff schon nach einer knappen Viertelstunde überwunden. Die Hausherren hatten in diesem "Spiel höchster Klasse" folgerichtig auch die Überhand, keinesfalls aber die totale Kontrolle. Köppel, Wimmer und Lau-

men hielten, unterstützt von Netzer, der Sonderbeifall des Münchner Publikums erhalten hatte, als er "mit dem Samtfuß einen senkrecht vom Himmel fallenden Ball stoppte" (*kicker*), prächtig dagegen.

Doch erst ein Elfmeter, vom bei der WM als Bankdrücker mißbrauchten Sieloff souverän eingelocht, brachte den Borussen den Ausgleich, dem Gerd Müller in unnachahmlicher Art zehn Minuten später prompt die erneute Bayern-Führung folgen ließ. Eine Führung, die die Münchner Zuschauer in der 90. Minute bereits wie einen Sieg feierten - und dadurch ausgerechnet Franz Beckenbauer irritierten. Statt das Leder Sekunden vor dem Ende weit übers Tribünendach zu dreschen und sich so dem Sieg regelrecht entgegenzubolzen, verlor der "Kaiser" im Mittelfeld auf filigrane Art den Ball. Den Gladbacher Gegenangriff schloß Peter Dietrich ab, Sepp Maier lenkte sein Geschoß an die Latte - und der "verlorene Sohn" Jupp Heynckes, während der zweiten Hälfte für Le Fèvre gekommen, staubte quasi mit dem Schlußpfiff zum schmeichelhaften 2:2 für die Borussen ab. Waren die Gladbacher in den ersten fünf Partien gegen die Münchner nicht mehr als Kanonenfutter, so konnten sie mit der Bilanz der letzten Jahre durchaus zufrieden sein - das neuerliche Remis bedeutete das sechste niederlagenlose Spiel gegen die Bayern in Folge. Die Lattek-Schützlinge, über den im letzten Moment verschenkten Sieg stinksauer, hatten bei allem Unglück zumindest einen Grund zur Freude: Sie blieben nach dem sechsten Spieltag neben den Gladbachern die einzige Mannschaft ohne doppelten Punktverlust.

Bayern: Maier, Hansen, Schwarzenbeck, Beckenbauer, Pumm, Roth, Zobel, Mrosko, Maas, Gerd Müller, Brenninger.
Trainer: Lattek
Borussia: Kleff, Wittmann, Vogts, Sieloff, Luggi Müller, Dietrich, Netzer, Laumen, Herbert Wimmer, Köppel, Le Fèvre (56. Heynckes). Trainer: Weisweiler
Schiedsrichter: Biwersi (Bliesransbach)
Tore: 1:0 Schwarzenbeck (14.), 1:1 Sieloff (64., Elfmeter), 2:1 Müller (74.), 2:2 Heynckes (90.)
Zuschauer: 43.000

Links: Klaus-Dieter Sieloff gewinnt das
Kopfballduell gegen Gerd Müller. Bayerns Breitner
und Gladbachs Laumen schauen zu.

Rechts: Ein strammer Schuß von
Jupp Heynckes. Doch ein Tor ist dem Rückkehrer
beim Sieg über die Bayern nicht vergönnt.

Saison 1970/71

Die lustigen Holzhackerbuam

Zwölf Tage bevor das im März ausgefallene Match gegen die Bayern nun endlich stattfinden konnte, war in Gladbach im Spiel gegen Bremen ein Pfosten und damit eine zuvor heile Fußballwelt zusammengebrochen. Noch schwebte Unsicherheit über dem Bökelberg: Würde die Partie wiederholt, würde sie annulliert, würde das 1:1-Ergebnis gar bestätigt? Eines indes schien den Fans und Freunden des Vereins klar: An der Vormachtstellung der Borussia gab es nichts zu rütteln.

Eine Einschätzung, in der sie sich nach absolvierten 90 Minuten bestätigt sahen. Dank eines überragenden Günter Netzer hatte man den schärfsten Konkurrenten und ewigen Rivalen, hatte man die Bayern mit 3:1 bezwungen und damit auf Abstand gehalten. "Ri-Ra-Ro - Bayern ist k.o." schallten schon weit vor dem Abpfiff angesichts der begeisternden Darbietung der Borussen Freudengesänge durchs Gladbacher Rund.

Die gleichen Zuschauer hatten Minuten vorher noch gnadenlos gepfiffen. Nicht, weil die eigenen Farben sich gegen die Münchner so dumm angestellt hätten. Nein - die mit den Jungtalenten Hoeneß und Breitner angetretenen Münchner hatten eine überaus harte Gangart an den Tag gelegt. Neben Roth und Breitner wurde, so der "kicker", Franz Beckenbauer "besonders übel vermerkt": Der sonst allein auf seine vortreffliche Technik bauende National-Libero hatte den durchgebrochenen Berti Vogts auf rüdeste Art über die Klinge springen lassen. Auch wenn die Bayern im Laufe der Partie ihre wenig freundliche Haltung aufgaben und zu einer ge-

mäßigteren Rustikalität übergingen - nach dem Abpfiff beklagte Trainer Weisweiler schlimme Verletzungen von Heynckes und Netzer.

Bevor dieser, zerschunden und zertreten, nach 69 Minuten für Nachwuchsspieler Jürgen Wloka Platz machen mußte, hatte er die Partie praktisch im Alleingang entschieden. Acht Minuten vor dem Wechsel überwand er Sepp Maier mit einem sensationellen Knaller aus 20 Metern, elf Minuten nach der Pause brachte einer seiner gefürchteten Freistöße die Vorentscheidung. Zwar landete der Ball, den er zuvor in bekannter Weise beschworen und beschmust hatte, nicht im Netz, sondern nur am Pfosten. Doch den Abpraller, den Laumen gleich nochmal an die Torstange köpfte, drückte Le Fèvre dann zum 2:0 über die Linie.

Das Spiel war damit entschieden, die Stimmung ungeachtet der Münchner Holzhackerei prächtig. Mroskos Anschlußtreffer sorgte nur kurzzeitig für Irritationen - Laumens endgültiger Bayern-K.o. sieben Minuten vor dem Ende rückte alles wieder gerade.

Für Gladbach war der Sieg über München der entscheidende Schritt zur zweiten Meisterschaft. Zwar schmolz der Vorsprung der Mönche noch einmal dahin, nachdem der DFB das Torpfostenbruch-Spiel gegen Werder am grünen Tisch mit 0:2 Toren und Punkten gegen die Gladbacher gewertet hatte. Doch am letzten Spieltag entschieden die Weisweilerschen Jungs das Meisterschafts-Fernduell gegen die punktgleichen, aber um ein Tor besseren Bayern grandios für sich. Während die Bayern in Duisburg mit 0:2 den kürzeren zogen, erklomm die Borussia mit einem 4:1 bei Eintracht Frankfurt erneut den deutschen Fußball-Olymp. Ein Ereignis, das in die Historie eingehen sollte: Erstmals seit Bestehen der Bundesliga hatte ein Meister seinen Titel erfolgreich verteidigt.

Teams:

Borusia: Kleff, Vogts, Luggi Müller, Sieloff, Bleidick, Herbert Wimmer, Netzer (69. Wloka), Laumen, Köppel, Heynckes (79. Bonhof), Le Fèvre. Trainer: Weisweiler

Bayern: Maier, Hansen, Schwarzenbeck, Beckenbauer, Pumm, Zobel, Roth (39. Uli Hoeneß), Breitner, Edgar Schneider, Gerd Müller, Mrosko. Trainer: Lattek

Schiedsrichter: Herden (Hamburg)

Tore: 1:0 Netzer (37.), 2:0 Le Fèvre (56.), 2:1 Mrosko (66.), 3:1 Laumen (83.)

Zuschauer: 30.000

Bilanz der Saison
Mönchengladbach: Platz 1, 50:18 Punkte (20/10/4), 77:35 Tore
Bayern München: Platz 2, 48:20 Punkte (19/10/5), 74:36 Tore

Rechts: Der Aufsteiger des Jahres: Rainer Bonhof (hier kommt er gegen Sepp Maier zu spät) springt aus der Amateurliga direkt in die Meisterelf.

Links: Rainer Zobel (re.) köpft auf das von Kleff verlassene Tor.

Saison 1971/72

Riesenspiel vom Rasen-Rambo

Als erste Mannschaft nach der Titelverteidigung nun auch noch den Meisterschafts-Hattrick zu schaffen - mit diesem zugegebenermaßen kühnen Ziel waren die Mönchengladbacher in die Saison 1971/72 gegangen. Aber schon nach dem direkten Duell mit dem vermeintlich schärfsten Konkurrenten mußte man am Bökelberg in Realismus statt in Optimismus machen. Das noch schmeichelhafte 2:0 der Bayern spiegelte das Kräfteverhältnis dieses Matches und letztlich der gesamten Saison wider.

Die Gäste waren gegenüber dem Vorjahr nicht wiederzuerkennen. Die Abwehr trotz eines überragenden Gerd Müller-Bewachers Luggi Müller löchrig, der Angriff trotz eines Heynckes harmlos, die gesamte Mannschaft gegenüber dem triumphalen Vorjahr umgemodelt. Köppel nach Stuttgart, Laumen und Dietrich nach Bremen, Wimmer gesperrt, Le Fèvre verletzt - ihre Vertreter bzw. Nachfolger Bonhof, Wloka, Wittkamp (neu aus Schalke) und Danner (neu aus Mannheim) waren gegen die hochmotivierten Münchner hoffnungslos überfordert.

Die spielten, bis auf eine Ausnahme, in Vorjahresbesetzung wie aus einem Guß. Wolfgang Sühnholz, Neuzugang aus Oberhausen, spielte seinem (angeschlagenen) Widerpart Berti Vogts Knoten in die Beine. Franz Roth, Freistoß-Torschütze und Kraftpaket, gab zwölf Jahre vor Sylvester Stallone eine formidablen Rasen-"Rambo". Der 19jährige Olympia-Amateur Uli Hoeneß, Wochen zuvor noch wegen Zögerlichkeit bös gescholten und kurz vor der Strafversetzung auf die ungeliebte Außenverteidigerposition, gab eine wirbelige, torgefährliche zweite

Müller gegen Müller - Gladbachs Luggi behält gegen Bayerns Gerd die Oberhand. Rainer Bonhof und Uli Hoeneß sehen's staunend.

Sturmspitze. Und der unauffällige Rainer Zobel, der VW unter den Bundesligaspielern, hatte seine Sonderaufgabe gegen Günter Netzer zur Zufriedenheit seines Trainers erledigt. Udo Lattek: "Zobel sollte Netzer totlaufen".

Nur einmal in 90 Minuten kam der Gladbacher Regisseur gegen Zobel groß zur Geltung. Sein eleganter Lupfer über den Maier-Sepp hinweg drohte ins Bayern-Tor zu kullern - doch Torjäger Gerd Müller betätigte sich im eigenen Strafraum im letzten Moment als Torverhinderer. Die Zuschauer, die für das Duell der seinerzeit besten und erfolgreichsten deutschen Vereinsmannschaften den Bundesliga-Rekordeintritt von 30 Mark zahlen mußten, waren ob Müllers Kunststückchen und den guten Leistungen ihrer anderen Lieblinge guter Dinge, was die Meisterschaftschancen der Bayern anging.

Punktgleich mit dem führenden FC Schalke 04 hatten sich die Münchner nach fünf Spieltagen auf Tabellenplatz 2 etabliert.

TEAMS:

Bayern: Maier, Breitner, Schwarzenbeck, Beckenbauer, Hansen, Roth, Zobel, Uli Hoeneß, Edgar Schneider, Gerd Müller, Sühnholz. Trainer: Lattek

Borussia: Kleff, Vogts, Luggi Müller, Sieloff, Bleidick, Bonhof, Wittkamp, Netzer, Wloka, Heynckes, Dietmar Danner.

Trainer: Weisweiler

Schiedsrichter: Ohmsen (Hamburg)

Tore: 1:0 Roth (27.), 2:0 Hoeneß (31.)

Zuschauer: 40.000

Eine Werbung für den Fußball

Als das Rückspiel zwischen dem Tabellendritten aus Mönchengladbach und dem Tabellenzweiten aus München beim Stande von 2:2 abgepfiffen wurde, kannte die Begeisterung am Bökelberg keine Grenzen mehr. Zwar hatte Tabellenführer Schalke vom unentschiedenen Duell der beide "Erbfeinde" ("kicker") profitiert - doch den besten, den attraktivsten Fußball dieser Saison hatten einmal mehr die Borussia und die Bayern abgeliefert. "Allererste Klasse, eine Werbung für den Fußball", nannte Bundestrainer Helmut Schön das Aufeinandertreffen der beiden Clubs, "Außergewöhnlich! Allermodernster Fußball!" jubilierte Fußball- und Bayern-Fan Udo Jürgens, und Münchens Coach Udo Lattek stellte nach hochklassigen 90 Minuten fest: "Es hätte eigentlich zwei Sieger geben müssen!".

Lange Zeit sah es so aus, als sollte die Borussia einziger Sieger dieses formidablen Nachmittags bleiben. Innerhalb von einer Viertelstunde hatte Jupp Heynckes den nassen Ball gleich zweimal am Bayern-Keeper Sepp Maier vorbei ins Tor befördert, Netzer sensationelle Pässe geschlagen, Neuling Ulrich Surau Gerd Müller keinen Zentimeter Raum gelassen, das nachrückende Talente-Duo Dietmar Danner und Christian Kulik seine nach einem halben Profijahr bereits erworbene Sonderklasse nachdrücklich bestätigt.

Danach übernahmen, als die Borussen sich müde gerannt hatten, die Bayern das Kommando. Mit einem überragenden Franz Beckenbauer, einem dynamischen Paul Breitner, einem trickreichen Wolfgang Sühnholz und einem laufstarken Uli Hoeneß berannten die Münchner, in gleicher Besetzung wie im Hinspiel angetreten,

Kleffs Gehäuse. Mit Erfolg: Nach 23 Minuten verkürzte Schneider, nach 47 traf einmal mehr "Bulle" Roth.

Danach ging es hin und her, Fußball der Sonderklasse, Tricks vom Feinsten, Dramatik pur. "So gleichwertig waren beide Teams noch nie, und dieses Tempo wurde bisher nicht gegangen", faßte Borussen-Coach Weisweiler das zusammen, was ein enthusiasmiertes Publikum offenen Mundes bestaunt hatte. Die jungen Gladbacher hielten das vorgelegte Tempo auf Dauer nicht durch - im Laufe der Saison verloren sie den hautnahen Kontakt zum Spitzenduett und wurden am Ende der Spielzeit abgeschlagen und dennoch zufrieden Tabellendritter. Die Bayern hingegen hielten sich lange im Windschatten der Schalker und zogen, als diese sich erstmals eine kleine Blöße gaben, prompt an ihnen vorbei. Die Meisterschaft war am Ende der Lohn für die Münchner, die ganze drei Niederlagen in 34 Spielen hatten einstecken müssen. Im Meisterschafts-Duell zwischen den großen Bayern und den großen Borussen stand es damit 2:2 - Mönchengladbach hatte 1970 und 1971, München 1969 und 1972 triumphiert.

Drin ist der Ball von Bulle Roth. Müller, Surau, Kleff, Kulik und Sieloff (v.L) können nichts dagegen tun.

Bilanz der Saison
Mönchengladbach: Platz 3,
43:25 Punkte (18/7/9),
82:40 Tore
Bayern München: Platz 1,
55:13 Punkte (24/7/3),
101:38 Tore

TEAMS:

Borussia: Kleff, Bonhof, Surau, Sieloff, Bleidick, Dietmar Danner, Netzer, Herbert Wimmer, Kulik, Heynckes, Le Fèvre.
Trainer: Weisweiler

Bayern: Maier, Hansen, Schwarzenbeck, Beckenbauer, Breitner, Roth, Zobel, Uli Hoeneß, Edgar Schneider, Gerd Müller, Sühnholz. Trainer: Lattek

Schiedsrichter: Schulenburg (Hannover)
Tore: 1:0 Heynckes (4.), 2:0 Heynckes (20.), 2:1 Schneider (23.), 2:2 Roth (47.)
Zuschauer: 30.000

Saison 1972/73

Spielrekord vom Maier Sepp

Gründe zum Feiern hatten die Bayern gleich mehrere. Das neuerbaute Olympiastadion war mit 74.000 Zuschauern ausverkauft. Der Meister und Bundesligaspitzenreiter gewann gegen die auf Platz 8 rangierenden Borussen leicht und locker mit 3:0. Sepp Maier stellte mit 212 Bundesligaspielen in ununterbrochener Folge den bisher von Berti Vogts gehaltenen Rekord ein.

Borussia dagegen hatte etliche Gründe, Trübsal zu blasen. Erneut bekam man bei den Bayern kein Bein auf die Erde. Die Neuen, der dänische Stürmer Henning Jensen und der israelische Defensivler Shmuel Rosenthal, fanden auch im achten Saisonspiel noch keine Bindung zu ihren Mitspielern. Und das Verletzungspech hatte den Verein einmal mehr bös gebeutelt: Mit Sieloff, Bleidick, Wittkamp und Rückkehrer Bernd Rupp beklagte der Club, der Luggi Müller und Le Fèvre vor Saisonbeginn verloren hatte, gleich vier außer Gefecht gesetzte Stammspieler.

Also mußte Trainer Weisweiler gegen die eingespielte und allein um Bernd Dürnberger ergänzte Bayern-Mannschaft gegen seinen Willen experimentieren. Wimmer mußte mal wieder auf Rechtsaußen kicken, Danner gab einen ungewohnten Linksverteidiger, Vogts mußte als Vorstopper gegen Gerd Müller ran, und Libero spielte in seinem ersten Saisoneinsatz über 90 Minuten der wieder halbwegs genesene Günter Netzer.

Gegen eine solcherart durcheinandergewürfelte und einen verletzten Heynckes mitschleppende Borussia hatten die Bayern ausgesprochen leichtes Spiel. Sie kombinierten nach Belieben, wirbelten in Person von Hoeneß, Krauthausen und Müller die bemitleidenswerte Gladbacher Deckung nach allen Regeln der Kunst durcheinander. "Die Bayern", stellte Schöns Assistent Jupp Derwall als Spielbeobachter anerkennend fest, "sind das Beste, was der deutsche Fußball seit Jahren zu bieten hat." Bis auf Linksaußen Hoffmann, der sich gegen seinen Gegenspieler Michallik ungewöhnlich schwer tat, waren alle Münchner ihren Mönchengladbacher Widerparts überlegen. Die Tore der bis dahin schußstärksten Mannschaft (20 Tore in sieben Partien) gegen die mit bis dato 16 Gegentreffern zweitschlechteste Abwehr der Liga fielen denn auch zwangsläufig - Müller profitierte von einem Jensen-Fehler, Hoeneß von einen Rosenthal-Schnitzer, noch einmal Müller von seiner Sprungkraft und Bertis Zwergenwuchs. Da der Borussen-Sturm gegen die beste Bundesliga-Hintermannschaft (die Bayern kassierten in den ersten elf Saisonspielen ganze vier Gegentore!) nichts zuwege gebracht und sich nach nur acht Spieltagen bereits ein Fünf-Punkte-Abstand zwischen den Rivalen herausgebildet hatte, überraschte Berti Vogts Ankündigung nach Spielschluß umso mehr: "Wir rücken den Bayern noch auf den Pelz!" Große Worte nach einem ernüchternden, nichtstotrotz historischen Spiel: Es sollte - was seinerzeit noch niemand ahnte - der letzte Bundesliga-Auftritt Günter Netzers gegen die Bayern sein...

TEAMS:

Bayern: Maier, Hansen, Schwarzenbeck, Beckenbauer, Breitner, Roth, Zobel, Uli Hoeneß, Krauthausen, Gerd Müller, Hoffmann (46. Dürnberger). Trainer: Lattek
Borussia: Kleff, Michallik, Vogts, Netzer, Dietmar Danner, Rosenthal (56. Surau), Kulik, Bonhof, Herbert Wimmer, Heynckes, Henning Jensen (70. Fuhrmann). Trainer: Weisweiler.
Schiedsrichter: Biwersi (Bliesransbach)
Tore: 1:0 Müller (24.), 2:0 Hoeneß (48.), 3:0 Müller (66.)
Zuschauer: 74.000

Saison 1972/73

Kleiner Mann - was nun?

Im Rückspiel gegen die von Verletzungen verschont gebliebene und daher unveränderte Bayern-Mannschaft hatte "Professor" Weisweiler zwar Bernd Rupp und den nach dem Bundesligaskandal zeitweilig gesperrten Jürgen Wittkamp wieder dabei, doch fehlten ihm die beiden Ideengeber: Herbert Wimmer und der zum Saisonende zu Real Madrid wechselnde Günter Netzer mußten verletzt draußen bleiben.

Als "Nachrücker" absolvierte stattdessen ein Mann sein erstes Spiel über 90 Minuten, dem der "Kicker" attestierte, "körperlich zu schwach und für eine Bundesliga-Spitzenmannschaft (noch)

nicht versiert genug" zu sein: Allan Simonsen. Der im Mittelfeld neben Danner und Kulik eingesetzte Däne spielte solange ordentlich, wie das Spiel unentschieden stand. Als sein dänischer Landsmann Johnny Hansen einen 18-Meter-Schuß im Gladbacher Gehäuse versenkte, war's indes vorbei mit seiner und der Kollegen Herrlichkeit.

Die Bayern, seit Saisonbeginn ununterbrochen Spitzenreiter und neun Punkte vor den viertplazierten Borussen liegend, spulten mit gewohnter Coolness ihr Programm herunter. Ein Rädchen griff bei dieser ausgebufften Truppe ins andere: Maier hielt glänzend, Beckenbauer organisierte genial, Hoeneß dribbelte großartig. Und selbst Gerd Müller, nach längerer Verletzungspause wieder mit dabei und betont vorsichtig zu Werke gehend, bereitete selbst mit nur 60 Prozent seiner Leistungsfähigkeit Gegenspieler Surau einen unangenehmen Nachmittag.

Die Borussen, mit 11:3 Punkten und 35:12 Toren sensationell ins neue Jahr gestartet, wurden von den Bayern unsanft auf den Boden der Tatsachen zurückgeholt. Trotz 13:5 Ecken hatten die "Mönche", die in etlichen Gazetten, sehr zum Ärger von Lattek und Co., spielerisch höher eingeschätzt worden waren als die Münchner, nie eine Chance, das Spiel zu kippen, das nach einer Stunde durch weitere Tore von

Krauthausen und Zobel bereits entschieden war. Die Borussen-Fans machten ihrem Frust auf eher ungewohnte Weise Luft: Einen Ball, der hinter dem Bayern-Tor in die Zuschauerränge geflogen war, gaben sie erst mit Verzögerung an Sepp Maier zurück. Der Münchner Keeper indes konnte mit der Kugel nicht mehr viel anfangen: Die Borussen-Anhänger hatten das Ding mit mehreren Messerstichen kurzerhand zerstochen...

Noch sind die Kapitäne Heynckes (links) und Beckenbauer nett zueinander. 90 Minuten später ist zumindest den Borussen die Laune verhagelt - sie verlieren gegen die Bayern zuhause mit 0:3.

Borussia: Kleff, Vogts, Surau, Wittkamp, Bonhof, Dietmar Danner, Simonsen, Kulik, Henning Jensen, Rupp, Heynckes. Trainer: Weisweiler.

Bayern: Maier, Hansen, Schwarzenbeck, Beckenbauer, Breitner, Krauthausen, Zobel, Uli Hoeneß, Dürnberger, Gerd Müller, Edgar Schneider. Trainer: Lattek.

Schiedsrichter: Ohmsen (Hamburg)

Tore: 0:1 Hansen (28.), 0:2 Krauthausen (37.), 0:3 Zobel (63.)

Zuschauer: 34.500

Bilanz der Saison
Mönchengladbach: Platz 5, 39:29 Punkte (17/5/12), 82:61 Tore
Bayern München: Platz 1, 54:14 Punkte (25/4/5), 93:29 Tore

Saison 1973/74

8. Dezember 1973
Bayern - Borussia 4:3 (3:2).

Pechvögel und Schauspieler

Noch war nicht Weihnachten - doch die 65.000 Zuschauer im Münchner Olympiastadion fühlten sich knappe drei Wochen vor Heiligabend bereits reichhaltig beschenkt. Was die zweitplazierten Bayern und die punktgleichen Borussen als Frankfurt-Verfolger zum Ende der Hinserie boten, nötigte Altbundestrainer Sepp Herberger ein schlichtes "Großartig!" ab und seinem Nachfolger Helmut Schön ein emphatisches "Was für ein Nachmittag!". In der Tat: Sieben Tore, fünf davon in den ersten 25 Minuten, spannende Duelle, Torchancen en masse, Tricks ohne Ende, Beckenbauers Pässe und Wimmers Flankenläufe - das Publikum wurde fürs Kommen überreichlich belohnt. Als Sahnehäubchen schoß dann Henning Jensen noch einen Treffer, den sich der *kicker*-Reporter am liebsten gerahmt an die Wand gehängt hätte: "Das 2:1 wird immer als ein Tor im Gedächtnis haften, das einen vom Stuhl riß ob seiner Schönheit in Vorbereitung und Abschluß".

Ein Festtag also - und zudem einer, den man nicht unbedingt hatte erwarten dürfen. Die Bayern nämlich hatten im Laufe der Saison schon so manche Krise hinter sich, mit dem vom 1. FC Köln verpflichteten Jupp Kapellmann einen prominenten Dauerverletzten mitzuschleppen und mit dem schnell wieder in die Wüste geschickten Ex-Braunschweiger Bernd Gersdorff einen Fehleinkauf ungeahnten Ausmaßes zu verkraften. Die Borussen hingegen mußten eine komplett neue Ära einläuten: Ihr charismatischer Star Günter Netzer hatte sich mit dem 2:1-Siegtor im Pokalfinale gegen den 1. FC Köln angemessen

aus der Heimatstadt verabschiedet und beim königlichen Club in Madrid angeheuert. Einen Nachfolger als Spielgestalter wußte Hennes Weisweiler nicht zu präsentieren - der zurückgeholte Ex-Borusse Horst Köppel spielte alles, nur nicht Regisseur.

Im Olympiastadion spielte er diesmal den Pechvogel. Sein Fehlpaß in der 20. Minute, sein zögerliches Auftreten beim Kopfball drei Minuten später entschieden die für die Gladbacher so hoffnungsvoll begonnene Partie doch noch zugunsten der Bayern. "Ich wollte ihn schon durch Köstner ersetzen", polterte Hennes Weisweiler hinterher, "doch dann war mir für dessen lange Pässe der Boden zu glatt. Da wäre der Ball nur weggerutscht."

Roths frühes Führungstor, der Ausgleich durch den überraschend als Außenverteidiger aufgebotenen neuen Borussenkapitän Wimmer, dann dieses sensationelle 2:1 durch Jensen nach einer Traumkombination über zehn Stationen, schließlich Müllers Ausgleich und die Bayern-Führung durch einen Zobel-Kopfball - diese ersten 25 Minuten waren vielleicht das Beste, was dem deutschen Fußballpublikum in den zurückliegenden zehn Bundesligajahren präsentiert worden war. Der Rest der Partie war immer noch hochklassig, immer noch brillant - doch nicht mehr ganz so herausragend wie diese unvergessene Anfangsphase.

Nach dem Schlußpfiff, den Gladbachs Rainer Bonhof den Bayern-Fans beinahe noch durch einen gefährlichen Distanzschuß in der 90. Minute vermiest hätte, kannte der Jubel in München keine Grenzen. Man hatte den ewigen Kontrahenten einmal mehr bezwungen, die in Düsseldorf gestrauchelte Eintracht aus Frankfurt als Herbstmeister doch noch abgefangen. Ihr Kapitän Franz Beckenbauer setzte dann noch einen drauf: Am Abend lud er Freunde und Mannschaftskollegen ins "Universum"-Kino ein zur Premiere seines Leinwanddebüts "Libero". Dort

hielt sich der Jubel indes in Grenzen - in "Libero", den der *kicker* ungewohnt sarkastisch einen "filmähnlichen Streifen" hieß, zeigte sich der Franz als Schauspieler nämlich überhaupt nicht kaiserlich...

Teams:

Bayern: Maier, Hansen, Schwarzenbeck, Beckenbauer, Breitner, Zobel, Uli Hoeneß, Dürnberger, Hadewicz, Gerd Müller, Roth. **Trainer:** Lattek.
Borussia: Kleff, Herbert Wimmer, Vogts, Sieloff, Dietmar Danner, Kulik, Köppel, Bonhof, Henning Jensen, Rupp, Heynckes. **Trainer:** Weisweiler.
Schiedsrichter: Engel (Reimsbach)
Tore: 1:0 Roth (4.), 1:1 Wimmer (5.), 1:2 Jensen (18.), 2:2 Müller (20.), 3:2 Zobel (23.), 4:2 Hoeneß (64.), 4:3 Bonhof (88.)
Zuschauer: 65.000

Rupp, Schwarzenbeck und Stielike (v.l.) beim Fußball-Ballett.

Laufduell zwischen Bayern-Verteidiger Hansen und Torjäger Jupp Heynckes.

Saison 1973/74

Ein Muster ohne Wert

Welch ein rauschhaftes Spiel der Borussia, welch ein Sturmlauf, welch ein krönender Saisonabschluß - aber im Grunde doch ein Muster ohne Wert. Eine Woche zuvor nämlich hatten sich die Bayern, begünstigt durch eine 0:1-Pleite der Gladbacher in Düsseldorf, die dritte Meisterschaft in Folge gesichert. Und einen Tag (!) zuvor gar im Wiederholungsspiel gegen Atletico Madrid den Europapokal der Landesmeister errungen.

Die Nacht war für die Münchner dementsprechend feucht, laut und kurz gewesen - das Spiel am Bökelberg empfanden sie nur noch als lästige Pflichtaufgabe, die sie achtbar hinter sich brin-

gen wollten. Der Geist war denn auch willig - allein das durch das Atletico-Match und die anschließenden Alkohol-Exzesse in Mitleidenschaft gezogene Fleisch war schwach. Schon zur Pause hatte es viermal im Bayern-Gehäuse eingeschlagen - zweimal war dabei Jupp Heynckes der Verantwortliche. Der Gladbacher Goalgetter war denn auch Hauptdarsteller der zweiten Hälfte: Mit dem zur Pause ausgewechselten Bayern-Bomber Gerd Müller hatte er durch seine beiden Tore im Rennen um die Torjägerkanone gleichgezogen. Den 31. und damit entscheidenden Saisontreffer sollten die letzten 45 Minuten dieses Spieljahrs bringen. Doch so generös ihn seine Mitspieler auch zum Torschuß einluden, so uneigennützig sie auch in aussichtsreichen Positionen zu ihrem Torjäger abspielten - der Jupp scheiterte am Gebälk, an seinen Nerven oder am Sepp im Bayern-Tor. Der Nationalkeeper bot als einziger im demotivierten Münchner Erfolgsteam eine große Leistung. Hätte er sich hängen lassen wie so manch anderer seiner Elf - Bayern München wäre vielleicht zweistellig unter die Räder und Jupp Heynckes wohl doch noch zu der alleinigen Torjägerkanone gekommen...

Hier noch im Bundesligaduell gegeneinander, sieben Wochen später gemeinsam Weltmeister.
Schwarzenbeck, Heynckes und Beckenbauer.

Saison 1974/75

12. Oktober 1974
Borussia - Bayern 1:2 (1:0)

Krisen, Konter und Kastanien

Welch ein ungewohntes Bild vor dem neunten Spieltag einer Saison, die nach dem dank zahlreicher Bayern- und Borussia-Spieler gewonnenen WM-Titel bei den Fans allerhöchste Erwartungen weckte. Weder die Münchner noch die Mönchengladbacher, die die letzten sechs Meistertitel allein unter sich aufgeteilt hatten, standen an der Tabellenspitze, sondern der Hamburger SV. Die Borussen befanden sich, mit zwei Punkten Rückstand auf Platz vier abwartend, in Lauerstellung - die Bayern hingegen mit 8:8 Punkten und Tabellenrang 11 im tristen Mittelfeld. Die dem Vorjahr (bis auf Rupp) nahezu unverändert entstiegenen Rheinländer und die um Breitner dezimierten Bajuwaren drohten also einen Mittelmaßkick abzuliefern, boten den Zuschauern dann jedoch ein unerwartetes Spitzenspiel.

Das in den ersten 45 Minuten die Borussen als vermeintlichen Sieger sah. Simonsen, Heynckes und Jensen stellten die wackelige Bayern-Abwehr vor erhebliche Probleme, Vogts und Bonhof standen Müller und Hoeneß erfolgreich auf den Füßen, und Herbert Wimmer überragte mit einem ungeheuren Laufpensum und einer unglaublichen Übersicht alle anderen.

Als der nach Netzers Abgang vom Wasserträger zum Spielgestalter aufgestiegene WM-Teilnehmer zur Pause verletzt in der Kabine blieb, kippte das Spiel, das Borussia durch Wittkamps Treffer mit 1:0 vorne sah, vollkommen. Die vorher angesichts ihrer bescheidenen Plazierung ängstlichen Bayern wurden mutig, wurden frech und selbstbewußt. Binnen drei Minuten schossen, da Müller an der Kette lag, zwei seiner

Kein Durchkommen für Henning Jensen: Schwarzenbeck und Zobel haben die Situation im Griff.

Stürmer-Kollegen die Bayern zum nicht mehr für möglich gehaltenen Sieg. Neuling Klaus Wunder, vom MSV Duisburg gekommen, machte nach 71 Minuten den überfälligen Ausgleich, der während der letzten Saison verpflichtete Schwede Conny Torstensson nach 73 Minuten gar den Siegtreffer.

Die Fans warfen wütend Kastanien und Eier auf die Gäste, die Borussen rutschten auf Platz 7, die Bayern kletterten auf Rang 10. Fußball verkehrt: An der Spitze stand plötzlich statt der Großen Zwei die Eintracht aus Frankfurt.

Teams:

Borussia: Kleff, Bonhof, Vogts, Wittkamp, Köstner, Kulik (78. Hilkes), Herbert Wimmer (46. Surau), Stielike, Simonsen, Henning Jensen, Heynckes. Trainer: Weisweiler.

Bayern: Maier, Hansen, Schwarzenbeck, Beckenbauer, Dürnberger, Roth (57. Hadewicz), Zobel (60. Torstensson), Kapellmann, Uli Hoeneß, Gerd Müller, Wunder. Trainer: Lattek.

Schiedsrichter: Engel (Reimsbach)

Tore: 1:0 Wittkamp (36.), 1:1 Wunder (71.), 1:2 Torstensson (73.)

Zuschauer: 34.500

Elfmeter in letzter Sekunde

Nie standen die Chancen auf einen Gladbacher Sieg in München besser als an diesem Nachmittag. Während sich nämlich die Weisweiler-Schützlinge mit komfortablem Vorsprung vor der Frankfurter Eintracht im Glanze des Tabellenführers sonnten, hing bei den Bayern der Haussegen gründlich schief. Gerd Müller war überraschend nur Dritter statt Erster der Torjägerliste, der amtierende Meister stand auf einem deprimierenden 13. Tabellenplatz, und Udo Lattek war Opfer der Unzufriedenheit geworden - den Erfolgscoach der letzten Jahre hatten die Münchner Verantwortlichen kurzerhand vor die Tür ge- und durch Dettmar Cramer ersetzt.

Doch im Hurra-Stil den verunsicherten und angeschlagenen Gegner zu überrumpeln - zu diesem eigentlich erwarteten Mittel griff Hennes Weisweiler nicht. Er setzte vielmehr, ganz entgegen seinen sonstigen Gewohnheiten, auf Defensive und die sprichwörtliche Konterstärke, um den einen fest einkalkulierten und womöglich noch einen zweiten Punkt einzufahren.

So berannten also die Bayern ideen- und konzeptlos Kleffs Gehäuse, ohne für den Gladbacher Keeper ernsthaft Gefahren heraufzubeschwören. Die Quittung für ihre Umständlichkeit bekamen sie zehn Minuten vor dem Ende: Ausgerechnet der nicht unbedingt als treffsicher geltende Christian Kulik setzte den Ball zur nicht unverdienten Borussen-Führung in die Maschen. Tausende enttäuschter Fans verließen daraufhin fluchtartig das Stadion - es würde, da waren sie sicher, eine neuerliche Pleite hageln und zudem die erste Heimniederlage gegen die Gladbacher in der Bundesligageschichte. Doch sie hatten die Rechnung ohne Schiedsrichter Roth gemacht. In der buchstäblich letzten Sekunde des Spiels schenkte er den Gastgebern einen Elfmeter - und Gerd Müller nahm die Einladung zum Ausgleich dankend an.

"Ich kritisiere grundsätzlich keine Schiedsrichterentscheidungen, egal, ob er für oder gegen uns pfeift", zog sich der sichtlich erleichterte Dettmar Cramer anschließend diplomatisch aus der Affäre. Sein Gegenüber Hennes Weisweiler indes bebte vor Zorn und verweigerte - "Ich will doch kein Verfahren an den Hals kriegen" - jeglichen Kommentar zum Pfiff des Unparteiischen: "Sonst vergesse ich mich". Auch wenn er Wochen später die dritte Meisterschaft an den Bökelberg und erstmals auch den UEFA-Pokal an den Niederrhein holte - der lang ersehnte Sieg in München wäre Hennes Weisweiler ein später Triumph und ein schönes Abschiedsgeschenk gewesen. Was zu diesem Zeitpunkt nämlich noch niemand wußte: Nach 11 Jahren Mönchengladbach sollte der so beliebte Trainer zum Ende der Saison ins Pesetenparadies zum CF Barcelona wechseln. Sein Nachfolger auf der Borussenbank wurde kein geringerer als der Wochen zuvor bei den Bayern geschaßte Udo Lattek...

Teams:

Bayern: Maier, Björn Andersson, Beckenbauer, Schwarzenbeck, Dürnberger, Zobel (46. Weiß), Roth, Uli Hoeneß, Torstensson (75. Wunder), Gerd Müller, Kapellmann. Trainer: Cramer.

Borussia: Kleff, Vogts, Wittkamp, Surau, Dietmar Danner, Stielike, Herbert Wimmer, Kulik, Simonsen, Henning Jensen (75. Schäffer), Heynckes. Trainer: Weisweiler.

Schiedsrichter: Roth (Salzgitter)

Tore: 0:1 Kulik (80.), 1:1 Müller (90., Elfmeter)

Zuschauer: 72.000

Bilanz der Saison
Mönchengladbach: Platz 1, 50:18 Punkte (21/8/5), 86:40 Tore
Bayern München: Platz 10, 34:34 Punkte (14/6/14), 57:63 Tore

Saison 1975/76

Udo Latteks Schadenfreude

Für seine neue Mannschaft hatte Udo Lattek nur lobende Worte, für seine alte nur Hohn und Spott übrig. "Was mit denen los ist, konnte heute doch jeder sehen", sprach der neue Gladbacher Coach nach dem imponierenden 4:1 seiner Schützlinge über jene Bayern, die ihn Monate zuvor schmählich entlassen hatten, "am Ende mußten die doch heilfroh sein, nicht noch mehr Tore gefangen zu haben." Recht hatte er - der "kicker" lobte die furiose Darbietung der Borussia als "Bestleistung aus allen elf Jahren Rivalität der freundschaftlich verbundenen besten Mannschaften".

So fürchterlich freundschaftlich ging es am Bökelberg indes nicht zu: Die Bayern, nach der Pleite der letzten Saison nun wieder Zweiter hinter Tabellenführer Braunschweig, und die Borussen, hinter den Müchnern punktgleiche Dritte, behakten und befehdeten sich ganz schön. Der bajuwarische Nachwuchsmann Ludwig Schuster brach Gladbachs Weltmeister Bonhof schon nach 20 Minuten die Elle des linken Arms. Und Berti Vogts sprach seinem Nationalelf-Kollegen Sepp Maier nach dem Schlußpfiff jegliches fußballerische Talent ab - allenfalls für Tennis, so der siegestrunkene Gladbacher Verteidiger, sei der Bayern-Keeper wirklich zu gebrauchen.

So schlecht wie an diesem Nachmittag hatten die Bayern am Bökelberg allenfalls bei der bedeutungslosen 0:5-Pleite anderthalb Jahre zuvor ausgesehen. Die Gladbacher, nach dem mageren Europapokal-1:1 gegen Wacker Innsbruck drei Tage zuvor um Wiedergutmachung bemüht, spielten mit dem Gegner Katz und Maus. Stielike, Wimmer und Danner waren unermüdliche Ankurbler, Simonsen und sein Landsmann Jensen ständige Unruheherde. Besonders ins Zeug legte sich Jupp Heynckes - nach wochenlanger Grippe, einer blöden Autopanne und dem Ohnmachtsanfall seiner Frau während einer Modenschau schoß er sich, ohne Maier dabei allerdings überwinden zu können, den aufgestauten Frust von der Seele.

Die Bayern, die das Fehlen Gerd Müllers und Uli Hoeneß' nicht verkraften konnten, hatten dem Borussen-Wirbel nur nach Bonhofs Ausscheiden eine zehnminütige Druckperiode entgegenzusetzen, bei der sich vor allem ein junger Stürmer auszeichnete, der eigentlich nach Gladbach wechseln wollte, sich dann aber aus finanziellen Gründen doch für München entschieden hatte: Karl-Heinz Rummenigge zeigte in seinem ersten Duell gegen die Borussia, was in ihm steckte. Ein Rummenigge aber reichte nicht: Nach diesem Intermezzo fügten sich die Bayern in ihr Schicksal und bemühten sich allenfalls durch Tempoverschleppung um Schadensbegrenzung. Erfolglos: Die Borussen waren eine Klasse besser und erstickten durch das 4:1 die erste aufgekommene Kritik an Udo Lattek im Keim. Der hatte, was den hartgesottenen Weisweiler-Fans überhaupt nicht gefiel, seine Mannschaft bis dato merklich verhaltener spielen lassen, als man es am Niederrhein von den "Fohlen" gewöhnt war. Aber Jupp Heynckes beruhigte nach dem Kantersieg über die Bayern, der den Sprung auf den angestammten Platz 1 bedeutete, alle Zweifler: "Wir haben dem Trainer geholfen, indem wir wieder zu unserem

3:0 durch Uli Hoeness - Wittkamp, Kleff, Klinkhammer und Vogts (v.l.) haben einmal mehr das Nachsehen.

Tempospiel fanden. Wir werden weiter stürmen und so schön spielen wie bisher".

Borussia: Kleff, Vogts, Bonhof (21. Schäffer), Wittkamp, Klinkhammer, Stielike (73. Köppel), Herbert Wimmer, Dietmar Danner, Simonsen, Henning Jensen, Heynckes. Trainer: Lattek.

Bayern: Maier, Horsmann, Schwarzenbeck, Beckenbauer, Dürnberger, Kapellmann (69. Weiß), Zobel, Torstensson, Wunder, Schuster, Karl-Heinz Rummenigge (57. Marek). Trainer: Cramer.

Schiedsrichter: Biwersi (Bliesransbach)

Tore: 1:0 Stielike (15.), 2:0 Simonsen (56.), 3:0 Danner (65.), 3:1 Marek (75.), 4:1 Jensen (81.)

Zuschauer: 34.500

Die Bayern machen's gnädig

Von wegen stürmisch, von wegen schön: Die Versprechungen des Jupp Heynckes entpuppten sich als Wunschträume. Zwar stand seine Mannschaft nach einem 0:4-Debakel bei den Münchner Bayern weiterhin auf Platz 1. Doch das Gladbacher Spiel hatte unter Udo Lattek beileibe nicht mehr die Grandezza, den Anmut, die Größe Weisweilerscher Tage. Und die Stürmer hatten nicht mehr diesen unbedingten Torhunger. 49 Treffer standen neun Spieltage vor Saisonende für die Borussia zu Buche - 1975 waren es zum gleichen Zeitpunkt 57, 1974 64, 1973 61 gewesen.

Mit den Bayern dagegen ging es, auch wenn die Mannschaft fünf Punkte hinter den Mönchen nur auf Rang 4 stand, deutlich bergauf. Gegen den alten Rivalen boten sie Tempofußball, Kombinationsspiel, Dynamik vom Feinsten. Rummenigge, Müller und der überragende Hoeneß fegten nach Belieben durch die alles andere als sattelfeste Abwehr der Gladbacher, Dürnberger fütterte sie mit Flanken und Vorlagen der Extraklasse, und hinter ihnen allen zelebrierte Franz Beckenbauer seine hohe Spielkunst. Die Bayern waren an diesem Nachmittag ein fußballerisches Wunderwerk - und die Borussen nicht einmal Sand in dessen Getriebe.

Bereits nach zehn Minuten hatten die Gastgeber den auffällig unsicheren Gästetorwart Kleff zweimal überwunden - nur zweimal, weil Kapellmann gleich zu Beginn das Leder nicht in die Maschen, sondern nur an den Pfosten gedroschen hatte. Eine einzige gute Torchance erarbeiteten sich die Borussen über 90 Minuten - Jensen traf nur den Außenpfosten. Ansonsten spielten nur die Bayern, und das wie im Rausch - eine Augenweide, ein Freudenfest für die 75.000 im ausverkauften Olympiastadion. Und hätte der überragende Hoeneß den Eigensinn nicht manchmal übertrieben, hätte sich Gerd Müller in einigen Situationen nicht ungebührlich lange Bedenkzeiten erbeten, hätte nicht der ungewöhnlich offensive Vorstopper Schwarzenbeck noch einmal das Aluminium des Kleffschen Gehäuses getroffen - die Gladbacher hätten sich selbst über eine Niederlage in Nähe der Zweistelligkeit nicht beschweren dürfen. Zweieinhalb Monate später indes war das Debakel von München in Mönchengladbach abgehakt und vergessen - auch unter dem umstrittenen Udo Lattek gewannen die Borussen wieder souverän die deutsche Meisterschaft...

0:4 in München verloren und doch Meister geworden: Gladbach verteidigt 1976 unter Neu-Trainer Lattek den Titel.

Bayern: Maier, Hansen, Beckenbauer, Schwarzenbeck, Horsmann, Roth, Dürnberger, Kapellmann, Karl-Heinz Rummenigge, Gerd Müller, Uli Hoeneß. Trainer: Cramer.

Borussia: Kleff, Klinkhammer, Wittkamp, Vogts, Bonhof, Dietmar Danner, Herbert Wimmer, Stielike, Simonsen, Henning Jensen, Heynckes. Trainer: Lattek.

Schiedsrichter: Horstmann (Nordstemmen)

Tore: 1:0 Schwarzenbeck (7.), 2:0 Hoeneß (10.), 3:0 Hoeneß (59.), 4:0 Müller (64., Elfmeter)

Zuschauer: 75.000

Saison 1976/77

Mit Tiefstapelei zur Herbstmeisterschaft

Als Meister der Taktik hatten die Borussen bis dato nie gegolten. Eher als Meister der Technik, des Tempos und der Tore. Doch angesichts des vorweihnachtlichen Duells um die Tabellenspitze zwischen Spitzenreiter Borussia und Verfolger Bayern bewiesen die Gladbacher ungeahnte Tugenden: Das Match gegen Maier, Müller und Co. gewannen sie erst in zweiter Linie auf dem Rasen und in erster Linie im Kopf.

"Die Borussen sind nur noch einzuholen, wenn bei ihnen fünf Mann gleichzeitig eine Lungenentzündung bekommen", hatte Bayern-Kapitän Beckenbauer der Konkurrenz vom Niederrhein Wochen zuvor noch Respekt gezollt. Und ihnen dabei wohl die Seuche auf den Hals gehetzt: Kaum hatte der "Kaiser" von Gladbacher Krankheiten als einzig reeller Meisterschaftschance für seine Farben gesprochen, kippten die Borussen gleich reihenweise aus den Latschen. Nacheinander zogen sich Danner, Heynckes und Vogts schwerste Verletzungen zu, Ex-Skandalsünder Wittkamp wurde fünf Jahre nach seinen Schalker Verfehlungen zudem eine nachträgliche Fünf-Wochen-Sperre aufgebrummt. Ausfälle, die der bis dahin ungeschlagene Meister in dieser Massierung nicht verkraften konnte: Die mit Nachrückern aufgefüllte Elf verlor in Hamburg und Karlsruhe prompt mit 1:4 bzw. 0:4. Und im Duell gegen die immer stärker auftrumpfenden Münchner drohte die nächste Schlappe.

Gladbachs Trainer Lattek griff angesichts der Verletzungs-Misere und der trüben Aussichten auf eine weitere Tabellenführung zu einem in Gladbach selten angewandten Kniff: Er verordnete eine konsequente Tiefstapel-Taktik. "Bayern ist der große Favorit. Schade, daß wir mit unseren vielen Ausfällen aus diesem Schlager kein Spitzenspiel machen können", gab er einer Münchner Zeitung zu verstehen, daß er schon im Voraus mit zwei Minuspunkten rechne. Gleiches hämmerte er auch seinen verunsicherten Jungs ein: "Eine Niederlage wäre ganz normal, ein Unentschieden ein großer Erfolg, ein Sieg ist undenkbar."

Was folgte, hatte sich Lattek insgeheim wohl schon gedacht: Die Borussen fühlten sich an der Ehre gepackt und spielten mit einer Rumpfmannschaft eine der besten Partien der Saison. Der lange verletzte Kulik, Kanada-Rückkehrer Köppel, Newcomer Wohlers, Youngster Hannes - die Reservisten und die restlichen Routiniers legten sich gegen den alten Rivalen ins Zeug, als gehe es um die Welt- statt um die Herbstmeisterschaft.

Chance um Chance erspielte sich die Gladbacher Not-Truppe gegen die in Bestbesetzung aufgelaufenen Bayern. Doch nur Simonsens Drehschuß nach Sololauf gegen Horsmann und Beckenbauer fand den Weg ins Netz - alle anderen Bälle wurden Beute des überragenden Sepp Maier im Bayern-Gehäuse. Erst als die "Fohlen" Mitte der zweiten Halbzeit müde wurden und eine gemächlichere Gangart einlegten, befreiten sich die bis dato einem Dauerdruck ausgesetzten Münchner aus der Umklammerung und sorgten ihrerseits für Gefahr. Doch sie scheiterten am Pfosten wie Torstensson in der 71. Minute. Oder am langen Elend im Borussen-Gehäuse: Wolfgang Kneib, Liga-Neuling und seit Saisonbeginn Notnagel für den ebenfalls dauerverletzten Kleff, hielt, was zu halten war. In der 90. Minute versuchte ihn selbst sein Gegenüber zu überwinden: Bei einem Bayern-Eckball tummelte sich der Maier Sepp neben den Sturmspitzen Rummenigge und Müller als Möchtegern-Torschütze im Gladbacher Strafraum.

Torjubel allerdings blieb dem Nationaltorwart verwehrt - Sekunden nach seinem Ausflug verwandelte der Schlußpfiff von Schiedsrichter Roth den Bökelberg in ein Tollhaus. Die Sensation war geschafft, der Erbfeind bezwungen, die Moral intakt: Die vor Saisonbeginn um Henning Jensen dezimierte Borussia konnte als Herbstmeister mit vier Punkten Vorsprung vor Braunschweig und deren fünfen vor den Bayern beruhigt Weihnachten feiern.

Hannes springt höher, aber Maier darf die Hand zuhilfe nehmen.
Bonhof sieht's enttäuscht, Schwarzenbeck erfreut.

Der Kaiser geht gen USA...

Saison 1976/77

Die längste Minute der Welt

Grande Finale im Olympiastadion: Mit dem Klassiker Bayern gegen Borussia endete die Saison, beim Klassiker Bayern gegen Borussia entschied sich die Meisterschaft, nach dem Klassiker Bayern gegen Borussia begann in Deutschland die kaiserlose Zeit.

Franz Beckenbauer nämlich zog's nach zwölf Jahren Bundesliga, nach vier Meistertiteln, vier Kürungen zu Deutschlands "Fußballer des Jahres", drei Weltmeisterschaften, zwei Auszeichnungen als Europas "Fußballer des Jahres" und 103 Länderspielen in die US-Operettenliga. Cosmos New York hatte dem gewiß nicht mittellosen Regenten der Bundesliga ein schwer abzuschlagendes Angebot unterbreitet. Der Abschied von Franz brachte Fußball-Deutschland eine schärfere Zäsur als vier Jahre zuvor Netzers Weggang: Er symbolisierte das Ende einer glorreichen Ära und zugleich die Chance für einen Münchner Neubeginn. Daß auf Bayern-Seite die Schweden Andersson und Torstensson und auf Borussen-Seite der zukünftige reale Madrilene Stielike ihren Ausstand gaben, fiel dagegen kaum ins Gewicht.

Etwas anderes war dagegen eine Woche zuvor ins Gewicht gefallen: Ein Tor in der 89. Minute nämlich. Hätte der Schalker Lander das Leder in Essen nicht zum 2:1 in die Maschen geköpft - Borussia wäre bereits als Meister in München aufgelaufen. So aber wurde die Krönung des Champions für den letzten Spieltag aufgehoben: Bei einer Gladbacher Niederlage in München und einem blau-weißen Sieg über Schwarz-Gelb hieße aufgrund des Torverhältnisses der Meister

nicht Mönchengladbach, sondern erstmals in der Bundesligageschichte Schalke 04.

Vieles sprach dafür, daß die Gladbacher so kurz vor dem Ziel noch scheitern würden. Ganze fünf Siege hatten sie in der Rückrunde errungen, in 16 Spielen magere 16 Punkte erbeutet, noch nie zuvor in zwölf Bundesligajahren bei den Bayern gewonnen. Die stellten mit Gerd Müller, der 34 Tore in 34 Spielen markierte, zwar erneut den herausragenden Torschützen, waren aber in dieser Saison allen Rummenigges und Maiers und Beckenbauers zum Trotz nur Durchschnitt.

Gegen Borussia indes, das war in München Tradition, liefen selbst mittelmäßige Münchner nahezu automatisch zu großer Form auf.

Diesmal jedoch brauchten die im Umbruch befindlichen Hausherren, die es seit Wochen mit Nachwuchsleuten wie Gruber, Schenk oder Seneca versuchten, gute 45 Minuten, bis sie auf Touren kamen - und da war's fast schon zu spät. Hatte Bayern-Coach Cramer seine Mannen auf eine abwartende Haltung der Kontrahenten eingeschworen, überraschte Borussen-Trainer Lattek mit einer nicht für möglich gehaltenen offensiven Variante. Stielike und Heynckes, beide die Wochen zuvor verletzungsbedingt ausgefallen, waren rechtzeitig zum Finale wieder fit geworden - und schossen nach vorzüglichen Kontern ihren Club binnen dreier Minuten sensationell 2:0 in Führung.

Doch als sich die Gladbacher nach dem Wechsel fürs vier Tage später anstehende Europapokal-Endspiel gegen Liverpool zu schonen gedachten, als sie die Partie gegen die bis dato verunsicherten Münchner locker über die Bühne bringen wollten, rafften sich die Bayern zum letzten Kraftakt auf. Beckenbauer trieb seine Jungs in seinen vermeintlich letzten Bundesligaminuten noch einmal mächtig nach vorn, Kapellmann fand nach schwacher erster Hälfte doch noch seinen Rhythmus, Rummenigge be-

stätigte endlich seine nationalen Nominierungen. Und Müller, der schon vor der Halbzeit den Anschlußtreffer markiert hatte, huschte, rackerte, hüpfte wie personifiziertes Ungemach durch die Gladbacher Abwehrreihen.

Um Viertel nach Fünf schien alles klar: Der erste Gladbacher Sieg in München, die fünfte Meisterschaft der Borussia waren nur noch Formsache. Bis in die 90. Minute Libero Jürgen Wittkamp die Schalker Herzen hüpfen und die der Gladbacher aussetzen ließ - einen Beckenbauer-Lupfer beförderte er mit dem Hinterkopf über seinen Keeper Kneib hinweg ins eigene Gehäuse zum 2:2-Ausgleich.

Der Unglücksrabe erinnert sich: "Können Sie sich vorstellen, was da in mir vorging? Wenn wir jetzt noch verlieren, dachte ich, dann bist Du hier an allem schuld. Anstoß, wir haben den Ball, er wird natürlich zurückgespielt, und wo landet er? Bei mir! Ich wußte wirklich nicht mehr, was ich machen sollte. Ich hab mir nur gesagt: Jürgen, klopp ihn irgendwo hin. Ich glaube, ich habe ihn auf die Gegengerade geschossen. Und bevor's zum Einwurf kam, hat der Schiedsrichter abgepfiffen. Diese Minute zwischen Eigentor und Abpfiff war die längste Minute meines Lebens."

Auch wenn der erste Sieg in München um wenige Sekunden verpaßt wurde - Borussia feierte den Meisterschafts-Hattrick und die Tatsache, mit nunmehr fünf Titeln Bundesligarekordmeister zu sein. Und auch die Bayern hatten am Ende einer eigentlich mißratenen Saison Grund zur Freude: Mit dem 2:2 gegen den alten und neuen Meister hatten sie Rang Sieben und damit, dank Kölns späterem Pokalsieg, den UEFA-Cup erreicht.

.. und die Gladbacher (v.l. Del Haye, Wohlers, Wittkamp und Wimmer) sind 90 Minuten später wieder Deutscher Meister.

Verbissenes Duell: Wimmer (links) gegen Andersson.

Saison 1977/78

Heynckes-Gala zum Jubiläum

...und Heynckes schießt die Tore: Gladbach besiegt Bayern 2:0.

Die Fußballfreunde rieben sich verdutzt die Augen: Das Spitzenspiel der vergangenen zehn Jahre, der unangefochtene Klassiker der Bundesliga, war zu einem schnöden Mittelfeldduell verkommen. Die Bayern übten ohne Beckenbauer keine Faszination und auf die Gegner nur noch wenig Furcht aus - mit Platz 6 konnten sie zufrieden sein. Und die Borussen fanden sich ohne Stielike gar im unteren Tabellendrittel wieder -

der - der amtierende Meister hatte es in elf Begegnungen gerade mal auf 11:11 Punkte und erstaunlicherweise auf ein negatives Torverhältnis von 18:21 gebracht. Entsprechend war die Resonanz des so sehr verwöhnten Publikums: Erstmals seit Jahren war der Bökelberg beim Gastspiel der Bayern nicht ausverkauft. Obwohl ein Jubiläum gefeiert werden sollte - der "Kampf der Giganten" wurde heute zum 25. Mal gegeben.

Anlaß genug für die Gastgeber, nach einem Drittel der Saison endlich mal an die großen Leistungen der Vorjahre anzuknüpfen. Während die neuformierten Münchner mit dem bundesligaerfahrenen Neu-Libero Rausch, mit den aus Karlsruhe bzw. Schalke losgeeisten Mittelfeldakteuren Niedermayer und Oblak sowie mit dem bulligen Gerd Müller-Ersatz Klaus Augenthaler von Beginn an einen Punkt im Visier hatten, spielten die Borussen auf Geheiß des Trainers volle Pulle auf Sieg. Das Fehlen des Bayern-Goalgetters (Müller hatte in elf Spielen schon wieder 13 mal zugeschlagen !) hatte sie optimistisch, die Rückkehr des lange verletzten Jupp Heynckes sie siegesgewiß gestimmt.

Die ungeahnte Risikofreudigkeit Latteks, der Monate zuvor noch eine übervorsichtige und letztlich chancenlose Mannschaft ins Europapokal-Finale gegen den FC Liverpool geschickt hatte, wurde belohnt. Mit einem eleganten Heber und einem wuchtigen Kopfball überwand Jupp Heynckes den vorzüglichen Maier-Sepp gleich zweimal - ein tolles Comeback des Ende der Saison ausscheidenden Torjägers. Das Aluminium verhinderte zudem weitere Borussen-Treffer: An Kuliks Kopfball

und den Distanzschuß des nach Gladbach zurückgekehrten Winfried Schäfer wäre der Nationaltorwart nie herangekommen.

Die Begegnung am Bökelberg war sehenswert, gutklassig, stimmungsvoll. Und sie war - was zu diesem Zeitpunkt noch niemand ahnen konnte - wegweisend für den weiteren Saisonverlauf. Die Borussia orientierte sich nach dem Sieg, bei dem sie erstmals in dieser Spielzeit daheim ohne Gegentor blieb, langsam wieder in höhere Tabellenregionen. Und die Bayern, auch im sechsten Auswärtsspiel ohne Sieg geblieben, hatten sich mit der merkwürdigen Situation anzufreunden, künftig nach unten statt nach oben schauen zu müssen.

Teams:

Borussia: Kleff, Vogts, Schäfer, Wittkamp, Klinkhammer, Herbert Wimmer, Bonhof, Kulik (55. Wohlers), Simonsen, Del'Haye, Heynckes (75. Hannes).
Trainer: Lattek

Bayern: Maier, Gruber, Rausch, Schwarzenbeck (75. Roth), Horsmann, Niedermayer, Oblak, Dürnberger, Uli Hoeneß, Augenthaler (46. Künkel), Karl-Heinz Rummenigge. Trainer: Cramer.
Schiedsrichter: Redelfs (Hannover)
Tore: 1:0 Heynckes (9.), 2:0 Heynckes (48.)
Zuschauer: 33.000

Latteks glückliches Händchen

Das Absinken der Bayern in die Niederungen der Tabelle hatte Folgen: Dettmar Cramer, der zarte und intellektuelle Fußball-Professor, mußte seinen Dienst quittieren und die Mannschaft dem nicht minder gut beleumundeten Erfolgstrainer Gyula Lorant übergeben. Allzuviel nutzen tat dies nicht: Als sich die Bayern und die Borussen am 29. Spieltag gegenüberstanden, fristeten die Münchner noch immer ein kümmerliches Dasein im unteren Mittelfeld auf Rang 12.

Die Gladbacher hingegen, zu Saisonbeginn ähnlich miserabel aus den Puschen gekommen wie die Münchner, hatten sich seit Wochen und Monaten im Windschatten des Tabellenführers Köln als guter Zweiter präsentiert. Als ein Team indes, das zum vierten Mal in Folge Meister werden wollte, stellten sich die Gladbacher in München nicht vor. Es fehlte der Mannschaft die nötige Spritzigkeit, es fehlten ihr die genialen Ideen, es fehlte ihr der ungedingte Siegeswille. Und es lastete auf ihr diese merkwürdige Bayern-Phobie, dieser Fluch, bei den Roten in München einfach nicht gewinnen zu können.

Gegen diese verunsicherten Bayern jedenfalls hätten sie der schwarzen Serie endlich ein Ende bereiten können - doch sie versteckten sich nach akzeptabler Anfangsphase einmal mehr aus Angst vor der eigenen Courage. Die Münchner, zur Offensive quasi eingeladen, nutzten die ihnen überlassenen Räume und Chancen nur unzureichend. Oblak und Rausch brachten im Mittelfeld nur Durchschnitt zustande, Hoeneß und Rummenigge fabrizierten gegen die keineswegs sattelfeste Gladbacher Hintermannschaft nur Stückwerk. Allein Gerd Müller bewies sich ein-

mal mehr als Borussenschreck: Nachdem Rummenigge seinen Gegenspieler Vogts irregulär weggedrückt hatte, vom Unparteiischen für seine Ringkampffeinlage aber nicht mit einem Pfiff bestraft worden war, erzielte der Bayern-Bomber freistehend sein 23. Saisontor.

Was den Bayern zweifellos zwei Punkte beschert hätte, wäre Gladbachs eher defensiv orientierter Coach Udo Lattek nach 74 Minuten nicht auf die Idee verfallen, angesichts einer drohenden Niederlage die Offensive zu stärken und für den matten Kulik den flinken Del'Haye die letzte Viertelstunde mitkicken zu lassen. Der blonde Wirbelwind, der das Toreschießen bekanntlich nicht erfunden hatte, bedankte sich für das Vertrauen auf ungewöhnliche Weise. Drei Minuten vor dem Ende schloß er einen langen Sprint durch die Bayernhälfte mit einem erfolgreichen Torschuß ab.

Die Bayern waren darob geknickt, die Borussen obenauf. Nach dem 1:3-Europacup-Debakel in Innsbruck unter der Woche war die zweite Pleite binnen vier Tagen so eben noch abgewendet worden. Der Punktgewinn in München erwies sich im Nachhinein sogar als Signal zur großen Borussen-Schlußoffensive und zur Verfolgungsjagd auf die nervös gewordenen Weisweiler-Schützlinge aus Köln. Doch es reichte nicht ganz - durch ein 12:0 am letzten Spieltag gegen Dortmnund kamen sie nur bis auf drei Tore an den punktgleichen neuen Meister aus der Domstadt heran...

Simonsen spielt den jungen Gruber schwindelig...

TEAMS:

Bayern: Maier, Niedermayer, Schwarzenbeck, Augenthaler, Horsmann, Rausch, Dürnberger, Oblak, Uli Hoeneß, Gerd Müller, Karl-Heinz Rummenigge. Trainer: Lorant.

Borussia: Kleff, Vogts, Wohlers, Hannes, Bonhof, Carsten Nielsen, Herbert Wimmer, Kulik (74. Del'Haye), Simonsen, Heynckes, Lienen. Trainer: Lattek.

Schiedsrichter: Redelfs (Hannover)
Tore: 1:0 Müller (36.), 1:1 Del'Haye (87.)
Zuschauer: 48.000

Bilanz der Saison
Mönchengladbach: Platz 2,
48:20 Punkte (20/8/6),
86:44 Tore
Bayern München: Platz 12,
32:36 Punkte (11/10/13),
62:64 Tore

Saison 1978/79

Ein Rückkehrer als Matchwinner

Eines war klar, als das nunmehr 16. Bundesligajahr angepfiffen wurde: In der neuen Saison mußte bei den Bayern und würde bei den Borus-

Paule hat die Ruhe weg: Breitners Elfmeter entscheidet das Traditionsduell einmal mehr zugunsten der Bayern.

sen so manches anders werden. Die Münchener waren, zeitweilig sogar in bedrohliche Abstiegsnähe gerutscht, im abgelaufenen Spieljahr mit negativem Punktekonto nur Zwölfte geworden - die schlechteste Plazierung seit dem Aufstieg ins Oberhaus. Um ähnliche Fehlschläge auszuschließen, hatten die "Roten" einen besonderen Coup gelandet: Paul Breitner, einst zu Real Madrid abgewandert, war über den Umweg Ein-

tracht Braunschweig zu seinem Stammverein zurückgekehrt, um den Club wieder in angemessene Tabellenregionen oder gar zur Meisterschaft zu führen.

Anders die Situation bei den Gladbachern. Die "Fohlen", nach einem sensationellen Schlußspurt nur aufgrund dreier zu wenig geschossener Tore vom 1. FC Köln an der vierten Meisterschaft in Folge gehindert, hatten den größten Aderlaß der Vereinsgeschichte zu verkraften. Heynckes, mit 220 Toren bester Borussenschütze aller Zeiten, Wimmer und Wittkamp hatten ihre Karrieren beendet, Bonhof war in die spanische Liga zum FC Valencia gewechselt. Hochkarätigen Ersatz konnte sich der finanziell stets klamme Club nicht leisten: Die entstandenen Lücken mußten mit mehr oder minder unerfahrenen Nachwuchsspielern aufgefüllt werden.

Einen Teil dieser "Frischlinge" bekam das Münchner Publikum bereits am siebten Spieltag zu Gesicht. Die Gladbacher liefen im Olympiastadion mit Ringels, Gores, Dudek, Bruns, Nielsen, Amrath und Lausen auf - und verloren prompt mit 1:3. Lob und Hudel bekamen die jungen Borussen dennoch. "Viele kennst Du gar nicht von denen, und dann machen sie Dir das Leben so schwer", sprach Gerd Müller nach dem Abpfiff, "die habe ich mir beim besten Willen nicht so stark vorgestellt." Und Bernd Dürnberger ergänzte: "Das war bei weitem der stärkste Gegner, den wir in dieser Saison vorgesetzt bekamen."

Wenn die neu zusammengesetzte Gladbacher Truppe auch stark war - die Bayern waren deutlich stärker. Der Tabellenzweite hatte den Tabellenneunten sicher im Griff. Nur das Toreschießen gegen den vorzüglichen Gladbacher Torwart-Riesen Kneib, das fiel den Münchnern schwer. Allen voran Gerd Müller, mit fünf Toren in sechs Spielen bereits wieder an der Spitze

der Torjägerliste, lieferte sich tolle Duelle mit dem Borussen-Zerberus. Beim ersten Mal traf er per Kopf schon nach neun Minuten - sein 250. Heimspieltor bejubelte er in altbekannter Manier. Beim zweiten Mal überwand er den Keeper, scheiterte aber am Pfosten. Und beim dritten Mal obsiegte Kneib: Nach 38 Minuten hielt der "Lange" einen Strafstoß des Bayern-Goalgetters.

Die Entscheidung in einem abwechslungsreichen Spiel, das nach Simonsens Ausgleich kurz vor der Pause und einigen Gladbacher Konterchancen auch in die andere Richtung hätte kippen können, fiel dann durch einen weiteren Elfmeter. Sekunden vor dem Spielende versuchte sich statt Müller der "verlorene Sohn" Paul Breitner als Strafstoßschütze - sein Treffer beendete alle Zweifel, die tapfer kämpfenden Borussen könnten doch noch zum Ausgleich kommen.

Teams:

Bayern: Maier, Kapellmann, Schwarzenbeck, Niedermayer, Horsmann, Rausch, Breitner, Oblak, Dürnberger, Gerd Müller, Karl-Heinz Rummenigge. Trainer: Lorant.

Borussia: Kneib, Ringels, Wohlers, Schäffer, Dudek (73. Lausen), Bruns, Kulik (70. Amrath), Schäfer, Carsten Nielsen, Simonsen, Gores. Trainer: Lattek.

Schiedsrichter: Meuser (Ingelheim)

Tore: 1:0 Müller (9.), 1:1 Simonsen (41.), 2:1 Dürnberger (65.), 3:1 Breitner (90., Elfmeter)

Zuschauer: 76.000

Kalles Glanz und Gloria

Das Dilemma hatte bereits unmittelbar vor dem Anpfiff angefangen. Die Borussenspieler, mit 22:26 Punkten auf Rang 10 positioniert und nur magere zwei Pluspunkte vom Abstiegsplatz 16 entfernt, bekamen mitten in der Vorbereitung aufs Prestige-Duell gegen die seit Dezember von Pal Csernai statt von Gyula Lorant trainierten Bayern mitgeteilt, daß sie sich in Bälde an einen neuen Trainer würden gewöhnen müssen. Udo Lattek suchte nach Trainerjahren bei den Spielclubs Bayern und Gladbach die Herausforderung in Form des seinerzeitigen Durchschnittsvereins Borussia Dortmund.

Die Verunsicherung, die solche Kunde in der nach der personellen Zäsur eh alles andere als gefestigten Mannschaft auslöste, nutzten die cleveren Gäste prompt schonungslos aus. Dreimal hintereinander hatten die Münchner, die im Laufe der Saison Uli Hoeneß an den 1. FC Nürnberg verkauft hatten, am Niederrhein zuletzt den kürzeren gezogen - jetzt, im Moment Mönchengladbacher Schwäche, rächten sie sich bitterlich für das Ungemach der letzten Jahre. Mit einem ausgezeichneten Breitner, einem bärenstarken Oblak und einem sensationellen Rummenigge stürmten sie meisterlich den Bökelberg, führten sie die Rivalen nach allen Regeln der Kunst vor. 7:1 hieß es am Ende für die aus einem Guß spielenden Bayern - eine Demütigung für die Gladbacher, die nur einmal daheim höher verloren hatten: 1966 mit 0:7 gegen Werder Bremen.

Nach einer Viertelstunde hatte sich zwar eine Überlegenheit der Bayern, nicht aber die kommende Gladbacher Schmach herauskristallisiert. Im Gegenteil: Nach Toren von Schwarzenbeck und Amrath stand es nach 15 Minuten 1:1. Dann aber übernahmen die ohne den zweimaligen Fußballer des Jahres (1967 und 1969) und künftigen US-Kicker Gerd Müller angetretenen Münchner überlegen das Kommando. Ein Rad griff bei den Bayern ins andere, alle Mannschaftsteile harmonierten prächtig. Zur Pause lagen die Bajuwaren vor entgeisterten 29.000 Zuschauern bereits mit 5:1 vorn. Hätten sie nicht des öfteren Pfosten und Latte getroffen, hätten sie nicht manche Chance leichtfertig vergeben, hätten sie nicht nach dem Wechsel Kräfte fürs nächste Spiel geschont - die Bayern hätten den Borussen, einst die Torfabrik der Liga, eine Niederlage in zweistelliger Höhe beibringen können.

Aber auch das 7:1 am Bökelberg war eine Fußballdemonstration allerbester Güte. Die Borussen hatten, obwohl sie Wochen später nach der Rückkehr ihres Dauerverletzten Berti Vogts gegen Roter Stern Belgrad ein zweites Mal den UEFA-Cup gewinnen sollten, ihre besten Tagen endgültig hinter und eine ungewisse Zukunft vor sich. Die Bayern indes, bei denen von der langjährigen legendären Achse Maier - Beckenbauer - Müller am Ende der Saison niemand mehr übrig sein sollte, sahen mit neuem Personal und neuem Schwung neuen Großtaten entgegen.

Kalle Rummenigge in Galaform: Beim 7:1 in Gladbach erzielt er drei Tore. Bei seinem sehenswerten Schuß zum 6:1 sind Lienen und Torwart Kneib chancenlos.

TEAMS:

Borussia: Kneib, Schäffer, Hannes, Schäfer, Ringels, Bruns, Kulik, Lienen, Del'Haye (46. Gores), Simonsen, Amrath. Trainer: Lattek.

Bayern: Maier, Kapellmann (46. Gruber), Schwarzenbeck, Augenthaler, Horsmann, Niedermayer, Dürnberger, Breitner, Oblak, Janzon, Karl-Heinz Rummenigge. **Trainer: Csernai.**

Schiedsrichter: Redelfs (Hannover)

Tore: 0:1 Schwarzenbeck (9.), 1:1 Amrath (14.), 1:2 Rummenigge (17.), 1:3 Niedermayer (26.), 1:4 Rummenigge (37.), 1:5 Janzon (45.), 1:6 Rummenigge (75.), 1:7 Janzon (84.).
Zuschauer: 28.954

Bilanz der Saison
Mönchengladbach: Platz 10, 32:36 Punkte (12/8/14), 50:53 Tore
Bayern München: Platz 4, 40:28 Punkte (16/8/10), 69:46 Tore

Saison 1979/80

Jupps gelungenes Trainer-Debut

Zur neuen Saison war sowohl in Mönchengladbach als auch in München ein neuen Zeitalter angebrochen. Am Niederrhein saß im 15. Bundesligajahr der dritte Trainer auf der Bank: Die einstige Borussen-Legende Jupp Heynckes sollte die erfolgreichen Vorgänger Weisweiler und Lattek nach einem Lehrjahr als Assistenz-Coach beerben. Er tat dies ohne Allan Simonsen und ohne Berti Vogts. Der Däne, 1977 Europas Fußballer des Jahres und Gladbachs letzter Kicker von Weltklasse, war zum CF Barcelona nach Spanien gewechselt. Und der Berti, für sein fußballerisches Gesamtwerk 1979 zum zweiten Mal zum Fußballer des Jahres gewählt, hatte nach fünf Meisterschaften und zwei UEFA-Cup-Triumphen seine Karriere beendet, um fortan Mannschaften des Deutschen Fußball-Bundes zu trainieren.

An der Isar begann das Jahr 1 nach Sepp Maier: Nach 473 Bundesligaspielen, nach vier Meisterschaften, nach gewonnenem EM- und WM-Titel, vor allem aber aufgrund eines schweren Autounfalls hatte der Nationalkeeper - 1975, 1977 und 1978 zu Deutschlands Fußballer des Jahres gewählt - den Kasten für das gerade 20jährige Talent Walter Junghans räumen müssen. Der neue Torsteher war indes nicht das einzige neue Gesicht im Team des Rekordmeisters: Auch Hans Weiner (Hertha BSC), Wolfgang Kraus (Eintracht Frankfurt) und Ulis Bruder Dieter Hoeneß (VfB Stuttgart) hatten sich von der Liga-Konkurrenz zum Meisterschafts-Mitfavoriten locken lassen. Die finanzschwachen Gladbacher hingegen präsentierten nur zwei neue Gesichter - Jürgen Fleer hieß die neue Defensiv-

Hier ein neuer Kapitän, dort ein neuer Keeper - das Duell zwischen Christian Kulik und Walter Junghans findet Nielsen so erregend, daß ihm prompt die Spucke wegbleibt.

Hoffnung auf der linken Seite, und Braunschweigs Goalgetter Harald Nickel schoß fortan für die Fohlen seine Tore.

Bisher hatte der neue Mittelstürmer erst einmal zugeschlagen - sein Treffer beim 1:1 gegen Schalke hatte Gladbachs bisher einziges Tor und Gladbachs bisher einzigen Punkt bedeutet. Während die Borussen sich mit diesem Fehlstart erneut im Tabellenkeller befanden, waren die Bayern mit 4:2 Punkten gleich wieder in die

Spitzengruppe gekraxelt. Auch den Bökelberg schienen die Münchener im Sturm erobern zu wollen - Breitner führte vortrefflich Regie, und das beim 7:1-Erfolg im März so treffsichere Sturmduo Janzon/Rummenigge stürzte die Gladbacher Hintermannschaft erneut von einer Verlegenheit in die andere. Doch als Rummenigge verletzt gegen Dieter Hoeneß ausgewechselt werden mußte, riß der Faden. Die Bayern, durch ein Zwischendurch-Kurzturnier im Madrid körperlich ein wenig ausgelaugt, ließen sich von den deutlich schwächeren Gladbachern den Schneid abkaufen. Nach 22 Minuten schoß Gores das überraschende 1:0, kurz vor der Pause drückte Nickel einen Kulik-Lattenkracher zum 2:0 ins Netz. Der Bayern-Sturmlauf in der zweiten Halbzeit brachte nur noch Dürnbergers Anschlußtreffer - die Bayern hatten in der neuen Spielzeit erstmals verloren, die Gladbacher erstmals gewonnen.

Teams:

Borussia: Kneib, Schäffer, Hannes, Ringels, Fleer, Kulik (87. Wohlers), Schäfer, Carsten Nielsen (50. Dietmar Danner), Gores, Nickel, Lienen. Trainer: Heynckes

Bayern: Junghans, Weiner, Niedermayer, Augenthaler, Horsmann, Kraus, Dürnberger, Breitner, Oblak (70. Reisinger), Janzon, Karl-Heinz Rummenigge (26. Dieter Hoeneß). Trainer: Csernai

Schiedsrichter: Redelfs (Hannover)

Tore: 1:0 Gores (22.), 2:0 Nickel (42.), 2:1 Dürnberger (58.)

Zuschauer: 32.000

Ein Teenie schreibt Geschichte

Der 9. Februar 1980 sollte in die Geschichte eingehen. Nicht weil die Partie zwischen den großen Rivalen der 70er Jahre so herausragend gewesen wäre. Nein: Auf Gladbacher Seite machte ein 18jähriger Youngster namens Lothar Matthäus an jenem 21. Spieltag sein 15. Bundesligaspiel und gab erstmals eine Kostprobe seines Könnens im Münchner Olympiastadion. Daß der Franke, von Jupp Heynckes in Herzogenaurach entdeckt, einmal Gladbachs wichtigster Spieler, Bayerns Leitfigur, Rekordnationalspieler, Weltmeister und Weltfußballer werden sollte, hätte zu diesem Zeitpunkt wohl noch niemand vorherzusehen gewagt.

Zwar gehörte Matthäus an diesem Nachmittag noch zu den besseren Gladbachern - doch die Bewachung von Karl-Heinz Rummenigge war für den Senkrechtstarter noch eine Nummer zu groß. Der Nationalstürmer wirbelte nach Belieben und machte seinen Mitspielern, begünstigt durch eine unsichere Gladbacher Hintermannschaft, das Toreschießen leicht. Bereits nach 18 Minuten nämlich war die Partie durch einen Doppelschlag von Dieter Hoeneß und Außenverteidiger Weiner entschieden. Die Gäste bemühten sich redlich - allen voran der starke Nielsen, Linksaußen Lienen, den der "kicker" bewundernd einen "rasenden Derwisch" nannte, und Oldtimer Winnie Schäfer, der noch vor dem Wechsel ein Nickel-Abspiel zum Anschlußtreffer nutzte. Doch die Gladbacher Angriffsreihe mit einem schwachen Nickel und dem indisponierten Del'Haye sah nach dem Wechsel gegen die umformierte Bayern-Abwehr mit Neu-Keeper Manfred Müller aus Nürnberg und Neu-Libero Jan-Einar Aas aus Norwegen kein Land mehr. Im Gegenteil: Die ohne die gesperrten bzw. verletzten Mittelfeldstars Breitner und Oblak agierenden Bayern konterten die Borussen nach allen Regeln der Kunst aus, erzielten durch Rummenigge den entscheidenden dritten Treffer und ließen durch Augenthaler, der den Ball übers Tor von Kneib drosch, eine Elfmeterchance ungenutzt.

Eine Borussen-Niederlage mit Folgen: Hätten die Gladbacher im Olympiastadion einen Punkt geholt, wären sie zum Saisonende im UEFA-Pokal statt auf dem undankbaren siebten Rang gelandet - erstmals seit 10 Jahren durften die Jungs vom Niederrhein international nur zusehen. Den Bayern hätte ein Remis gegen den Mitaufsteiger von 1965 nicht wehgetan: Sie wären so oder so Deutscher Meister geworden...

Der alte Rummenigge freut und der junge Matthäus ärgert sich - wieder einmal verliert Gladbach bei den Bayern. Im Hintergrund Schäfer, Lienen und Weiner.

Bilanz der Saison
Mönchengladbach: Platz 7, 36:32 Punkte (12/12/10), 61:60 Tore

Bayern München: Platz 1, 50:18 Punkte (22/6/6), 84:33 Tore

Teams:

Bayern: Manfred Müller, Weiner, Aas, Augenthaler, Horsmann, Niedermayer, Dürnberger, Kraus, Janzon, Dieter Hoeneß, Karl-Heinz Rummenigge. Trainer: Csernai.

Borussia: Kneib, Matthäus, Hannes, Schäffer, Bödeker, Schäfer, Kulik, Carsten Nielsen, Del'Haye, Nickel, Lienen. Trainer: Heynckes.

Schiedsrichter: Hontheim (Trier)

Tore: 1:0 Hoeneß (17.), 2:0 Weiner (18.), 2:1 Schäfer (35.), 3:1 Rummenigge (64.)

Zuschauer: 28.000

Saison 1980/81

6. Dezember 1980
Bayern - Borussia 4:0 (0:0)

Csernais Drohung machte Auge munter

Der Sieger im mit 14.000 Zuschauern erschreckend leeren Olympiastadion konnte am vorletzten Hinrunden-Spieltag einzig und allein

Gegen diese Glatze ist kein Kraut gewachsen: Dieter Hoeness - um ihn herum Torwart Sude, Veh und Bruns - erzielt zwei Tore zum 4:0-Sieg.

Bayern München heißen. Dafür sprach vor Beginn der Partie nicht nur die Statistik. Oder die Tatsache, daß die erfahrenen Münchner als Titelverteidiger ganz oben standen und die komplett neuformierten Mönchengladbacher ohne den verletzten Libero Hannes ganz tief im Abstiegskampf steckten. Viel erheblicher war die Drohung des Bayern-Coaches Vorstopper Klaus Augenthaler gegenüber. "Wir mußten gewin-

nen", gab der kantige Klopper hinterher die Motivationskünste Pal Csernais zu Protokoll, "sonst hätte ich am Sonntag nicht heiraten dürfen."

Seinen Hochzeitstermin zu verschieben, seiner Holden weitere Wochen ihren Mädchennamen zu gönnen, die ganzen Gäste auf einen späteren Termin zu vertrösten - all das war dem bayrischen Bolzer irgendwie nicht recht. Also krempelte er nach der Androhung zum Pausentee die Ärmel hoch und bog beinahe im Alleingang ein Spiel noch um, das nahezu eine Stunde nach einer torlosen Nullnummer aussah. Die unerfahrenen Gladbacher nämlich - Sude, Schumacher, Veh, Frenken, Thychosen waren samt und sonders Bundesliga-Frischlinge - hatten vor dem Wechsel kein Tor und kaum eine Bayern-Chance zugelassen. Die einst so offensivstarken Gäste wollten mit stur defensiver Ausrichtung ein Unentschieden ermauern. Jupp Heynckes hatte seinem um Jungtalent Uwe Rahn erweiterten und um den verletzten Harald Nickel dezimierten Team jegliche Angriffslust ausgetrieben. Ein beschämendes Schauspiel - aber eines mit Erfolgsaussichten.

Nach dem Wechsel schien das Trauerspiel so weiterzugehen - wenn da nicht der psychologische Trick Csernais und die Einwechslung eines zusätzlichen Stürmers gewesen wäre. Notgedrungen setzte der Münchner Trainer auf Offensive - doch es kam nicht der zu Saisonbeginn aus Gladbach an die Isar transferierte Flitzer Kalle Del'Haye, sondern Klaus Janzon. Dessen Flanken nämlich rissen prompt merkliche Lücken in die poröser werdende Borussen-Deckung. Und binnen 15 Minuten machten Mittelstürmer Dieter Hoeneß und der hochzeitswillige Klaus Augenthaler jeweils zwei Tore zu einer imponierenden 4:0-Führung. Auges Eheschließung war gerettet - und die Bayern-Euphorie auch. Endlich lief es bei den hochdo-

tierten Stars wie am Schnürchen: Der Ex-Braunschweiger Wolfgang Dremmler, Neu-Nationalspieler Kurt Niedermayer und Mittelfeldmotor Paul Breitner legten die Nervosität der ersten Hälfte vollständig ab. Die Gladbacher hingegen brachen von Minute zu Minute mehr auseinander, die vor dem Wechsel so stabile Abwehr glich gegen Ende nur noch einem Torso. Dem zum Zuschauen verurteilten Wilfried Hannes schwante Schlimmes: "Immer wenn wir in Rückstand geraten, dann löst sich bei uns jede Ordnung auf. Das darf so nicht weitergehen."

Teams:

Bayern: Junghans, Weiner, Aas, Augenthaler, Horsmann, Dremmler, Breitner, Niedermayer, Dürnberger (46. Janzon), Karl-Heinz Rummenigge, Dieter Hoeneß.
Trainer: Csernai.
Borussia: Sude, Schuhmacher, Bruns, Schäffer, Matthäus, Rahn (78. Frenken), Kulik, Carsten Nielsen, Veh (78. Fleer), Thychosen, Lienen. Trainer: Heynckes.
Schiedsrichter: Roth (Salzgitter)
Tore: 1:0 Hoeneß (55.), 2:0 Augenthaler (59.), 3:0 Augenthaler (66.), 4:0 Hoeneß (70.)
Zuschauer: 14.000

Beifall für die Bayern-Gäste

Das hatte man am Bökelberg noch nie zuvor gesehen: Die verhaßten Bayern wurden nach ihrer "meisterlichen Demonstration" ("kicker") hoher Fußballkunst vom Gladbacher Publikum mit prasselndem Beifall verabschiedet. 4:1 hatten die Münchner dank des genialen Paares Rummenigge/Breitner in Mönchengladbach gewonnen. Am vorletzten Spieltag war es damit amtlich: Bayern München hatte den Titel erfolgreich verteidigt und war mit nunmehr sechs Bundesliga-Meisterschaften endgültiger Rekordhalter der Liga.

Vor der Saison hatten die Gladbacher mit ebenfalls fünf Meistertiteln noch gleichauf gelegen. Doch die großen Zeiten waren am Niederrhein vorbei - gegen die übermächtigen Münchner wirkten die Borussen laut "kicker" wie "Statisten für einen Lehrfilm", von der Regie angehalten "zur Seite zu treten, wenn die Hauptdarsteller kommen". Und die kamen in unnachahmlicher Manier: schnell, trickreich, gefährlich, kombinationssicher. "Wenn wir uns den Titel jetzt noch entgehen lassen", hatte Paul Breitner vor dem Spiel auf die Pauke gehauen, "dann können wir uns gleich erschießen".

Die Knarre konnte im Gepäck bleiben - gegen die harmlosen "Fohlen" ließen die Bayern nichts anbrennen und zelebrierten gewohnt routiniert ihr Spiel, das der "kicker" staunend "eine Augenweide" hieß. Einmal mehr spielte Karl-Heinz Rummenigge mit seinem Schatten Lothar Matthäus Katz und Maus und erzielte drei Treffer. Einmal mehr übertraf Bayerns sensationelles Mittelfeld Borussias biedere Läuferreihe um Längen. Einmal mehr klappte Csernais Kombination

aus Raum- und Manndeckung perfekt. Und einmal mehr mußte der in der Rückrunde für Nachwuchsmann Sude eingesetzte Oldie Wolfgang Kleff eine Klatsche gegen den großen Rivalen kassieren.

Die Gladbacher, zur Saisonhalbzeit noch abstiegsbedroht, schoben sich am letzten Spieltag eine Woche später durch ein 3:0 in Dortmund sensationell noch auf einen UEFA-Cup-Rang - die Rückkehr auf die internationale Bühne indes mußte ohne die scheidenden Nickel, Lienen und Nielsen angegangen werden. Ein großer Erfolg für das junge Team - doch kein Vergleich zur Leistung der Männer von der Isar. Die Münchner, mit 14:0 Punkten in Folge im Saisonschlußspurt nervenstärkstes Team, verfügten über den schlagkräftigsten Angriff und den besten Spieler der Liga: Kalle Rummenigge wurde 1981 zum zweiten Mal hintereinander Bundesliga-Torschützenkönig, zum zweiten Mal in Folge Europas Fußballer des Jahres, zum zweiten Mal in Folge Deutscher Meister. Nur den Titel als Deutschlands Fußballer des Jahres wußte er nicht zu verteidigen - Paul Breitner, sein kongenialer Kompagnon beim "Duo Infernale", bekam von den Juroren diesmal ein paar Stimmen mehr...

Der dritte Streich des Kalle Rummenigge - durch einen 4:1-Sieg auf dem Bökelberg holt sich der FC Bayern den sechsten Meistertitel.

Bilanz der Saison
Mönchengladbach: Platz 6, 37:31 Punkte (15/7/12), 68:64 Tore
Bayern München: Platz 1, 53:15 Punkte (22/9/3), 89:41 Tore

Teams:

Borussia: Kleff, Ringels, Hannes, Bödeker, Matthäus, Fleer, Bruns (58. Carsten Nielsen), Schäfer, Schmider (68. Loontiens), Nickel, Lienen. Trainer: Heynckes.

Bayern: Manfred Müller, Horsmann, Weiner, Augenthaler, Dremmler, Kraus, Breitner, Dürnberger, Niedermayer, Dieter Hoeneß, Karl-Heinz Rummenigge. Trainer: Csernai.

Schiedsrichter: Föckler (Weisenheim)

Tore: 0:1 Rummenigge (20.), 0:2 Rummenigge (56.), 0:3 Niedermayer (63.), 1:3 Nielsen (76.), 1:4 Rummenigge (89.)

Zuschauer: 34.800

Saison 1981/82

Bayerns Dank an den Postboten

Die Münchner Meister hatten zur neuen Saison kaum etwas verändert - der Stamm war geblieben, der Ex-Nürnberger Beierlorzer oder der Isländer Sigurvinsson dienten allenfalls zur Ergänzung des Kaders. In Mönchengladbach sah das schon anders aus. Nach dem Weggang dreier offensiver Leute war der Sturm komplett neu formiert worden. Neben dem bereits während der vergangenen Saison verpflichteten Wolfram Wuttke standen der "fliegende Postbote" Kurt Pinkall (VfL Bochum) und Zweitliga-Torschützenkönig Frank Mill (Rot-Weiß Essen) nun in der Verantwortung, die einst so glorreichen Borussen wieder in höhere Tabellenregionen zu schießen.

Was keiner für möglich gehalten hatte, wurde Wirklichkeit: Vor dem "Duell der Giganten" am 15. Spieltag sprachen die Gladbacher dank ihrer neuen Stürmer ein gehöriges Wörtchen mit bei der Vergabe des Meistertitels. Vor dem Auftritt im Olympiastadion standen sie punktgleich mit den drittplazierten Bayern auf Rang 4 - ein mageres Pünktchen hinter Tabellenführer Hamburg.

In München indes war von der vielgepriesenen neuen Gladbacher Sturmreihe nichts zu sehen. Im Gegenteil: Das Spiel prägten ausschließlich die alten Helden - und ausschließlich die Bayern. Augenthaler, Dremmler, Dürnberger, Breitner kurbelten das Spiel ihrer Farben unermüdlich an. Und Karl-Heinz Rummenigge lehrte diesmal nicht Lothar Matthäus, sondern seinen neuen Gegenspieler Norbert Ringels das Fürchten. "Gegen einen Rummenigge", sprach sein Gladbacher Kontrahent am Ende ehrfürchtig, "kann

man nur hoffen, die beste Leistung zu bringen, um in manchen Szenen dann doch stehengelassen zu werden wie ein Anfänger." Ringels wird vor allem die Anfangsminuten gemeint haben. Da setzte "Kalle" erst einen Ball an die Latte, einen zweiten nach sechs Minuten dann ins Tor. Den Gladbachern schwante Schlimmes: Oft schon hatte Rummenigge sie auf die Verliererstraße geschickt, oft schon hatte man gegen die Bayern regelrechte Packungen bekommen.

Doch als die Gastgeber beste Chancen nicht zu nutzen wußten und ein ums andere Mal an Torwart-Denkmal Kleff scheiterten, wurden die Gäste frecher. Nachdem sie sich eine Halbzeit lang versteckt hatten, zeigten nun auch sie ihre neuen, alten Tugenden: Kombinationsspiel und Konterstärke. Lohn der Anstrengungen: Lothar Matthäus schoß in der 56. Minute mit einem Knaller aus der Distanz den Ausgleich und damit sein erstes Tor gegen die Bayern. Und hätte Kurt Pinkall kurz vor Schluß eine Konterchance nicht überhastet vergeben - die Borussen wären erstmals in der Bundesligageschichte als Sieger aus dem Olympiastadion entschwunden....

Teams:

Bayern: Junghans, Dremmler, Beierlorzer, Augenthaler, Horsmann, Kraus, Dürnberger, Breitner (46. Sigurvinsson), Güttler (66. Weiner), Dieter Hoeneß, Karl-Heinz Rummenigge. Trainer: Csernai.
Borussia: Kleff, Fleer, Hannes, Schäffer, Ringels, Matthäus, Bruns, Schäfer, Pinkall, Mill, Wuttke (46. Veh). Trainer: Heynckes.
Schiedsrichter: Roth (Salzgitter)
Tore: 1:0 Rummenigge (6.),
1:1 Matthäus (56.)
Zuschauer: 53.000

Ein Hauch von alten Zeiten

Ein halbes Jahr nach dem respektablen Punktgewinn in München war in Mönchengladbach wieder der Alltag und das Mittelmaß eingekehrt. Gebeutelt von einem nie zuvor gesehenen Verletzungspech, verspielte die Borussia in einer miserablen Rückrunde die Titelchancen und letztlich sogar einen UEFA-Cup-Platz. Eine Negativ-Serie von 0:12-Punkten hatte am Nervenkostüm der Heynckes-Truppe gerüttelt - ein 0:5-Debakel in Bielefeld eine Woche zuvor gar eine interne Krise heraufbeschworen.

Ausgerechnet in solch einer Situation mußten die Bayern kommen - mit drei Punkten Rückstand auf den HSV durchaus noch willens und in der Lage, den Titel erneut erfolgreich zu verteidigen. Doch ohne Paul Breitner, der nach 22 Minuten wegen einer Zerrung das Handtuch warf, präsentierten sich die favorisierten Münchner in elender Verfassung. Nichts ging mehr - Rummenigge fand kein Mittel gegen seinen hautnahen Bewacher Ringels, und Dieter Hoeneß unterstrich mehr seinen Ruf als Stolperkönig denn den eines mit 19 Treffern drittbesten Ligaschützen. Die Gladbacher dagegen gingen, obwohl psychisch heftig angeknackst, forsch und frech zu Werke. Zwar bedurfte es eines Hannes-Elfmeters zur Führung, zwar erzielte der eingewechselte Nachwuchsmann Markus Mohren erst eine Viertelstunde vor dem Ende den zweiten Treffer. Doch die Überlegenheit der Borussen war nicht zu übersehen - und nicht zu überhören. Dreimal nämlich klatschte die Lederkugel ans Aluminium des Bayern-Gehäuses - ein 6:0 wäre möglich gewesen und hätte, dank einer vortrefflichen Leistung der Mittelfeldachse Matthäus-

Rahn-Bruns, auch den Spielanteilen entsprochen. So blieb es bei der halben Ausbeute und einem 3:0. Eine Reminiszenz an alte Gladbacher Meister-Zeiten: Einen Sieg über die Bayern mit drei Toren Differenz hatten die Gladbacher zuletzt 1975 beim 4:1 herausgeschossen...

Mit neuen Männern zum 3:0-Sieg: Uwe Rahn (links) und Kurt Pinkall machen Horsmann und Niedermayer das Verteidigerleben verdammt schwer.

Bilanz der Saison
Mönchengladbach: Platz 7, 40:28 Punkte (15/10/9), 61:51 Tore.
Bayern München: Platz 3, 43:25 Punkte (20/3/11), 77:56 Tore

Teams:

Borussia: Kleff, Veh, Hannes, Schäffer, Ringels, Matthäus, Rahn, Bruns (69. Mohren), Schäfer, Wuttke, Pinkall (77. Mill). Trainer: Heynckes.
Bayern: Manfred Müller, Niedermayer, Weiner, Augenthaler, Horsmann, Dremmler, Dürnberger (77. Sigurvinsson), Kraus, Breitner (22. Mathy), Dieter Hoeneß, Karl-Heinz Rummenigge. Trainer: Csernai.
Schiedsrichter: Heitmann (Drentwede)
Tore: 1:0 Hannes (39., Elfmeter), 2:0 Mohren (76.), 3:0 Wuttke (80.)
Zuschauer: 34.800

Saison 1982/83

Die Bayern spielten Ballhalten

Die Bayern reisten am neunten Spieltag abermals als Tabellenführer an den Bökelberg. In der vergangenen Saison den Titel nicht geholt zu haben, hatte die Bayern-Verantwortlichen auf dem Transfermarkt gehörig aktiv werden lassen: Belgiens Nationaltorwart Jean-Marie Pfaff, Frankfurts einstiger DDR-Auswahlspieler Norbert Nachtweih und Braunschweigs Abwehrhüne Wolfgang Grobe spielten fortan in den Bayern-Leibchen. Die im Mittelfeld placierte Borussia hatte dagegen nur einen Neuling aufgeboten: Den aus Wanne-Eickel zum Bökelberg geholten Haudrauf Uli Borowka.

Wer einen Kick wie ein halbes Jahr zuvor erwartet hatte, sah sich getäuscht: Das als Spitzenspiel angekündigte Match wurde eine einzige Enttäuschung. Vor allem seitens der Gladbacher. Schon nach 20 Minuten nämlich standen die Bayern nur noch zu zehnt auf dem Rasen - Nationalspieler und Vize-Weltmeister Wolfgang Dremmler hatte nach zwei Attacken gegen Bruns und Matthäus "Rot" gesehen. Doch mit der personellen Überzahl und der Verzögerungstaktik der dezimierten Gäste kamen die Borussen überhaupt nicht zurecht. Libero und Kapitän Wilfried Hannes, der vor der Partie laut über einen möglichen Vereinswechsel nachgedacht hatte, weil er "endlich einmal Meister werden" wollte, hatte eine Erklärung für die Blamage parat: "Vor den Bayern haben wir immer ein bißchen Angst. Der Rummenigge hat schon oft so spektakuläre Sachen gemacht."

Diesmal machte Rummenigge fast gar nichts - außer Ballhalten. Das betrieben die kombinationssicheren Bayern indes bis zur Perfektion und trieben damit die Gladbacher zur Weißglut. Die attackierten zwar, je länger die Gäste das torlose Remis hielten, umso heftiger. Doch es blieb ein plan- und erfolgloses Anrennen - spätestens, als Pfaff auch die Chancen von Pinkall und Borowka souverän entschärft hatte, war die Punkteteilung für die enttäuschten Zuschauer ausgemachte Sache.

Alter Kämpe gegen junger Spund: Augenthaler und Matthäus.

Borussia: Sude, Ringels, Hannes, Schäffer, Matthäus, Veh, Rahn, Bruns (68. Pinkall), Borowka, Wuttke, Mill. Trainer: Heynckes.
Bayern: Pfaff, Augenthaler, Grobe, Horsmann, Dremmler, Nachtweih, Kraus, Dürnberger, Breitner, Dieter Hoeneß, Karl-Heinz Rummenigge.
Trainer: Csernai.
Schiedsrichter: Heitmann (Drentwede)
Tore: keine
Zuschauer: 34.800

Torriecher und Schuhprobleme

Same procedure as every year: Die Münchner gewannen souverän und sicher ihr Heimspiel gegen die offenbar mit einer Bayern-Phobie ausgestatteten Mönchengladbacher. Und doch stand die Partie unter höchst ungewöhnlichen Vorzeichen. Zwar standen die Bajuwaren vor dem Anpfiff als Tabellendritter und HSV-Verfolger wie gewohnt in der Spitzengruppe. Doch die Jungs vom Niederrhein fanden sich an für sie ungewohnter Stelle wieder: Auf Platz 14 positioniert und ganze zwei Punkte von einem Abstiegsrang entfernt, litt die Borussia allerhöchste Not. Fußball-Deutschland zitterte mit, und die Trainer der Liga waren sich, obwohl sie Punktegeschenke vehement ablehnten, einig: Eine Bundesliga ohne die Borussia wäre wie die Rolling Stones ohne Mick Jagger.

Die Bayern ließen sich von derartigen Sentimentalitäten nicht beirren. Vor allem einer nicht: Kalle Del'Haye. Der einstige Gladbacher Wirbelwind hatte in München endlich seine Chance bekommen, durfte im Bayern-Trikot sein erstes Spiel gegen seine alten Kollegen bestreiten - und erzielte prompt das richtungsweisende 1:0. Später stand er ein zweites Mal im Mittelpunkt: Schiedsrichter Clajus aus Karlsruhe hatte ihm die gelbe Karte gezeigt, weil er seinen Schuh nicht ordnungsgemäß gewechselt hatte.

Das nicht nur in dieser Szene merkwürdige Schiedsrichtergebaren interessierte und erregte Zuschauer, Spieler, Manager denn auch mehr als der von den Bayern souverän dominierte Kick. "Wir spielen doch Profifußball und nicht Kindergarten", ereiferte sich Bayern-Manager Uli Hoeneß. Sein Gladbacher Pendant Helmut Grashoff unterzeichnete den Spielbericht gar nur unter Protest. Die rote Karte für Frank Mill war's, die ihm die Zornesröte ins Gesicht getrieben hatte. Und nicht nur ihm - selbst die Bayern nahmen den schuldlosen Sünder hinterher in Schutz und den Referee nicht für voll. "Das war kein platzverweisreifes Foul", entlastete das vermeintliche Opfer Bernd Martin seinen Gladbacher Gegenspieler. Der überragende Karl-Heinz Rummenigge, der dem Gladbacher Jugendspieler Hans-Georg Dreßen einen schlimmen Nachmittag bereitet hatte, meinte knapp: "Die Gladbacher tun mir leid". Und Dieter Hoeneß, stets einer der intelligenteren im Kick-Gewerbe, analysierte treffend: "Da bist Du als Spieler ohnmächtig. Der schwarze Kittel allein gibt den Schiedsrichtern jede Macht."

Die Gladbacher, die mit Reich, Mohren, Schmider, Dreßen und dem unerfahrenen Keeper Uwe Kamps fünffachen Ersatz aufbieten und mit ihnen Sude, Ringels, Pinkall, Veh und Borowka ersetzen mußten, fühlten sich durch diverse Pfiffe des Unparteiischen benachteiligt. Nach der neuerlichen Pleite in München steckten sie tiefer als je zuvor im Abstiegsstrudel - erst kurz vor dem Saisonende zogen sie noch den Kopf aus der Schlinge. Den Bayern, die Hansi Pflügler für den aus dem Profifußball ausgeschiedenen Paul Breitner eingebaut hatten, nutzte der Sieg über den Dauer-Rivalen nicht viel. Am Ende der Saison landeten sie mit acht Punkten Rückstand auf den HSV nur auf Rang 4.

Kalle Rummenigge weiß es schon, als er vor dem Spiel Wilfried Hannes die Hand schüttelt: Es wird im Olympiastadion auch 1983 wieder einen Bayern-Sieg geben...

Bilanz der Saison
Mönchengladbach: Platz 12, 28:40 Punkte (12/4/18), 64:63 Tore
Bayern München: Platz 4, 44:24 Punkte (17/10/7), 74:33 Tore

Teams:

Bayern: Manfred Müller, Martin, Beierlorzer, Grobe, Horsmann, Kraus, Dremmler, Pflügler, Del'Haye, Dieter Hoeneß, Karl-Heinz Rummenigge. Trainer: Csernai.

Borussia: Kamps, Dreßen (46. Rahn), Hannes, Schäffer, Mohren, Matthäus, Schmider, Bruns, Schäfer (77. Brandts), Mill, Reich. Trainer: Heynckes.

Schiedsrichter: Clajus (Karlsruhe)
Tore: 1:0 Del'Haye (33.), 2:0 Rummenigge (53.), 3:0 Kraus (88.), 3:1 Bruns (90.)
Zuschauer: 25.000

Saison 1983/84

Bruno als Billardspieler

Im Süden nichts Neues: Borussia ging in Bayern baden. 0:4 hieß es am Ende - doch die Gladbacher Fans hatten einen Auftritt ihrer Elf gesehen, von dem sie noch Mitte der 90er Jahre in schwärmerischen Tönen schwelgen sollten. Denn auch wenn das Ergebnis eine ganz andere Sprache zu sprechen scheint - die Gladbacher hätten erstmals in München beide Punkte einfahren können.

Daß sie's nicht taten, lag nicht an taktischen Kniffen des neuen und alten Bayern-Trainers Lattek, nicht an der Regiekunst des Breitner-Nachfolgers Sören Lerby, nicht an der brüderlichen Doppelspitze aus Kalle und Michael Rummenigge. Es lag an einem Hauch Unvermögen, an einer gehörigen Portion Pech und - so die Gladbacher unisono - an Schiedsrichter Neuner. Bei allen vier Bayern-Treffern beklagten die Borussen Fehler des Pfeifenmannes aus Leimen. Vor dem 1:0 habe Lerby den Ball mit der Hand gestoppt, Kalle Rummenigge habe beim 2:0 im abseits gestanden, vor dem Fallrückzieher-Tor zum 3:0 habe Rummenigge Torwart Sude festgehalten, und der Elfmeter zum 4:0-Endstand habe aus einer Schwalbe resultiert. Und daß Neuner Augenthalers Notbremse am nach Gladbach heimgekehrten und gen Pfaffs Gehäuse loswetzenden Linksaußen Lienen nicht einmal mit gelb bedacht habe, brachte die Gäste endgültig um die guten Manieren. Hans-Günter Bruns: "Die Bayern haben mit zwölf Mann gespielt, nur trug einer von denen Schwarz."

Apropos Bruns: Der blonde Gladbacher Neu-Libero war die mit Abstand auffälligste Figur auf dem Feld. Toll seine Pässe, großartig seine Über-

sicht, enorm seine Schußkraft. In der 25. Minute setzte er einen ersten Fernschuß an den Pfosten, drei Minuten später erzielte er dann das von der ARD-Sportschau prämierte "Nicht-Tor des Jahres". Nach einem Sololauf über den ganzen Platz zog er von der Strafraumgrenze ab - der Ball traf den rechten Innenpfosten, lief die Torlinie entlang, küßte den linken Innenpfosten und sprang zurück ins Feld. Die Szene, die das sachkundige Publikum mit Raunen, Staunen und spontanem Beifall kommentierte, wäre nach Meinung des Schützen auf anderen Plätzen erfolgreicher zu Ende gegangen: "So etwas habe ich noch nicht erlebt. Bei runden Pfosten ist es doch ein Ding der Unmöglichkeit, daß der Ball so die Torlinie entlangrollt und dann wieder rausspringt!"

Als Bruns vom Schußpech verfolgt war, Mill in Pfaff seinen Meister fand und auch die Neu-Gladbacher Frontzeck, Herlovsen und Österreich-Rückkehrer Bernd Krauss bei ihren Schüssen kein Glück hatten, stand es noch torlos 0:0. "Wenn einer gesessen hätte", meinte Bayern-Coach Lattek später zu den Bruns-Böllern, "hätten wir das Spiel nicht mehr umgebogen."

Die Gladbacher haderten bei soviel Unglück mit den Fußballgöttern, später mit dem Schiri - und die cleveren Münchner nutzten die Resignation der Gäste eiskalt aus. Die Lattek-Schützlinge kannten mit den Heynckes-Jungs keine Gnade, versetzten ihnen immer dann, wenn diese ein

Vollversammlung vor dem Borussen-Tor: Augenthaler, Herlovsen (verdeckt), Sude, Rummenigge, Frontzeck, Schäfer und Kraus (v.l.) balgen sich ums runde Leder.

Psycho-Tief überwunden hatten, den nächsten schlimmen Haken. Am Ende stand eine für Borussen-Freunde traurige Gewißheit: Selten zuvor hatten die Gladbacher in München so gut gespielt - und selten zuvor hatten sie so hoch verloren...

Bayern: Pfaff, Dremmler, Augenthaler, Maurer, Dürnberger, Kraus, Lerby, Pflügler, Del'Haye (61. Nachtweih), Michael Rummenigge, Karl-Heinz Rummenigge. Trainer: Lattek.

Borussia: Sude, Herlovsen, Bruns, Hannes, Frontzeck, Krauss, Rahn, Matthäus, Schäfer, Mill (85. Criens), Lienen. Trainer: Heynckes.

Schiedsrichter: Neuner (Leimen)

Tore: 1:0 Lerby (34.), 2:0 Karl-Heinz Rummenigge (40.), 3:0 Kraus (73.), 4:0 Karl-Heinz Rummenigge (87., Elfmeter).

Zuschauer: 70.000

24.März 1984
Borussia - Bayern 3:0 (0:0)

Verrückte zehn Minuten

Im Rückspiel waren es die Bayern, die mit dem Schicksal haderten. Nahezu 80 Minuten lang hatten die Tabellenführer beim Viertplazierten das erwünschte 0:0 gehalten. Die Gebrüder Rummenigge und des Managers Bruder Dieter hatten vorne zwar überhaupt nichts zuwege, doch die Hintermannschaft um Nachtweih, Augenthaler, Grobe und Beierlorzer hatte die in elf Heimspielen nacheinander siegreichen Borussen fast zur Verzweiflung gebracht. Dann aber kam die 79. Minute und mit ihr ein folgenschwerer Fehler des sonst so zuverlässigen Jean-Marie Pfaff. Eine Herlovsen-Flanke berechnete der Keeper falsch - und Frank Mill nickte, mutterseelenallein vor dem leeren Gehäuse stehend, die Kugel zu seinem 14. Saisontor ein.

Der Spitzenreiter gab angesichts des Rückstands seine Defensivhaltung auf, drängte auf den Ausgleich - und erlaubte den bis dahin relativ kopflos stürmenden Gastgebern damit perfektes Kontern und Toreschießen. Criens, der Gladbacher Joker, und noch einmal Mill besorgten in der verbleibenden Spielzeit zwei weitere Treffer zum viel zu hohen und alles in allem ein wenig glücklichen Sieg. Gladbach stand plötzlich punktgleich mit den Bayern und Verfolger HSV auf Rang 3. "Jetzt wollen wir den Titel", faßte Matchwinner Frank Mill die Euphorie am Bökelberg in Worte, "das Mauerblümchen-Dasein ist zu Ende."

Sie sollten den Titel nicht bekommen, ebensowenig die Bayern - aufgrund der schlechteren Tordifferenz mußten die Borussen zum Saisonende dem punktgleichen VfB Stuttgart die Meisterschale überlassen. Daß sie im kommenden Spieljahr zur Trophäe des Meisters würden greifen können, wußten ausgerechnet die Rivalen aus München zu verhindern. Für 2,3 Millionen Mark Ablöse sicherten sie sich für die nächste Saison die Dienste des Gladbacher Hoffnungsträgers und Spielgestalters Lothar Matthäus. Unmittelbar nach dem Spiel gegen die Bayern gab der EM- und WM-erprobte Borussen-Star, seit Wochen die Seele und der Motor des erfolgreichen Gladbacher Spiels, seinen Wechsel zum großen Rivalen von der Isar bekannt. "Lothar, Du darfst nicht gehen", hatten die Fans ihrem Idol noch Tage zuvor zugesungen. Nun hießen sie ihn tief enttäuscht "Judas" - seit der Bibel das Synonym für Verräter...

Frank Mill ist der Mann des Tages. Bertram Beierlorzer findet gegen den zweifachen Torschützen kein Mittel.

Bilanz der Saison
Mönchengladbach: Platz 3, 48:20 Punkte (21/6/7), 81:48 Tore
Bayern München: Platz 4, 47:21 Punkte (20/7/7), 84:41 Tore

Teams:

Borussia: Sude, Krauss, Bruns, Herlovsen, Borowka, Frontzeck, Matthäus, Schäfer (60. Criens), Rahn, Mill (89. Ringels), Lienen. Trainer: Heynckes.

Bayern: Pfaff, Nachtweih, Augenthaler, Beierlorzer, Kraus, Lerby, Pflügler (17. Grobe), Dürnberger, Michael Rummenigge, Karl-Heinz Rummenigge (46. Mathy), Dieter Hoeneß. Trainer: Lattek.

Schiedsrichter: Föckler (Weisenheim)

Tore: 1:0 Mill (79.), 2:0 Criens (82.), 3:0 Mill (89.)

Zuschauer: 34.500

Saison 1984/85

Tolle TV-Premiere

Zwei Wochen vor Weihnachten kehrte Lothar Matthäus im Bayern-Trikot an den Bökelberg zurück - und die "Bescherung" der Borussen-Fans ließ nicht lange auf sich warten. Der Mann, der zum "Klassenfeind" gewechselt war, der Spieler, der den Pokal-Elfmeter im Duell gegen seinen neuen Club in die Wolken geschossen hatte - er wurde bei jeder Ballberührung gnadenlos ausgepfiffen, beschimpft, verhöhnt. Von Manager Grashoff vor dem Spiel mit "Clubhaus"-Verbot belegt, von Ordnern autogrammschreibend von den Stehrängen entfernt, litt Matthäus spürbar unter dem Liebesentzug seiner einstigen Verehrer. "Der Lothar hat nicht voll gespielt", bemerkte Manager Uli Hoeneß nach dem Schlußpfiff, "der ist nicht einmal in einen Zweikampf gegangen, und ohne solche Duelle kann man ihn vergessen." Die Krakeeler auf den Rängen hatten die Bayern also ihres stärksten Spielers beraubt. Daß Uli Hoeneß die wenig freundliche Stimmung gegen Matthäus hinterher "Volksverhetzung" hieß und Gladbachs Manager Grashoff dieses Straftatbestandes zieh, ging denn doch ein wenig zu weit.

Derartige verbale Ausfälle waren wohl eher der Enttäuschung über die Darbietungen seiner Stars geschuldet. Zur Pause nämlich lagen die hausbacken agierenden Bayern schon mit 1:3 hinten - dem Powerplay der wie aufgedreht spielenden und vor allem von Lienen, Borowka und

Bruns nach vorn gepeitschten Borussen hatten die Tabellenführer aus dem Süden nur wenig entgegenzuhalten. Erst als Lattek nach dem

Volle Kanne Richtung Spitze: Die Borussia mit Bernd Krauss besiegt die Bayern mit Augenthaler (links) und Nachtweih 3:2.

Wechsel Neu-Verteidiger Willmer gegen Neu-Stürmer Kögl tauschte, verschob sich das Kräfteverhältnis zu Gunsten der Münchner. Doch die Bayern wußten aus der zunehmenden Müdigkeit der über ihre Verhältnisse spielenden Gladbacher kein Kapital zu schlagen. Allein der aus Duisburg transferierte Kalle Rummenigge-Nachfolger Roland Wohlfarth hätte drei, vier Tore schießen können. Doch der Ex-Duisburger, bis dahin ein ordentlicher Ersatz für den zu Inter Mailand entschwundenen Nationalmannschafts-Star, wurde Opfer seiner eigenen Nerven.

Sein Sturm-Kompagnon Dieter Hoeneß brachte die Bayern noch einmal heran, doch zum Feiern war wenig später nur den Gladbacher

Fans zumute. Im Mittelpunkt ihrer Ovationen stand vor allem Keeper Uli Sude, der im zweiten Durchgang so manche Chance der Bayern zunichte gemacht hatten. In einem Konfettiregen und unter Entzückensschreien der Anhänger führte er noch auf dem Feld einen Striptease vor, entledigte sich Handschuhen, Mütze und Trikot. Als sie stürmisch nach mehr verlangten, lehnte der Tormann indes mit Hinweis auf die guten Sitten ab. Schließlich war man nicht unter sich: Das dienstägliche Duell der Borussen mit den Bayern war das erste Bundesligaspiel, das live im deutschen Fernsehen übertragen wurde.

Borussia: Sude, Krauss, Bruns, Hannes, Borowka, Herlovsen, Rahn, Lienen, Frontzeck, Mill (90. Herbst), Criens (78. Hochstätter). Trainer: Heynckes.

Bayern: Pfaff, Dremmler, Augenthaler, Eder, Willmer (75. Kögl), Nachtweih, Matthäus, Lerby, Mathy, Dieter Hoeneß, Wohlfarth. Trainer: Lattek.

Schiedsrichter: Niebergall (Rammelsbach)

Tore: 1:0 Mill (21.), 1:1 Mathy (24.), 2:1 Borowka (27.), 3:1 Frontzeck (33.), 3:2 Hoeneß (87.)

Zuschauer: 34.000

"Riesig groß und riesig nett"

Im Dezember war ihm nichts, nun im Mai plötzlich alles gelungen. "Bei mir ist wohl endlich der Knoten geplatzt", eröffnete Lothar Matthäus - "der Mann, der so schnell spricht, wie er rennt" ("kicker") - nach dem Spiel den wißbegierigen Journalisten. Der Mann hatte Grund zur Freude: Sein neues Team hatte seinen Weg zur deutschen Meisterschaft fortgesetzt, den schärfsten Rivalen Werder Bremen auf Distanz gehalten und seinen auf Rang 3 befindlichen Ex-Club 4:0 geschlagen. Den Weg zum Erfolg hatte Matthäus höchstpersönlich geebnet: Hatten sich seine Kumpane gegen eine ausgesprochen destruktive Borussen-Elf vor dem Wechsel noch schwer getan, spielten sie nach des Nationalspielers Kopfball-Torpedo zum 2:0 befreit und erlöst wie aus einem Guß.

"Jetzt werden wir Meister", brüllte nach dem Abpfiff ein begeisterter Fan ins Ohr des Bayern-Managers - und er sollte recht behalten. Die Münchner, die sich eine Woche zuvor noch eine Pleite beim HSV geleistet hatten, schienen im Spiel gegen den hoffnungslos überforderten Erzfeind endlich adäquate Nachfolger des mitunter arg vermißten "Breitnigge"-Duos gefunden zu haben. Matthäus nämlich war mittlerweile mehr als ein Ersatz-Breitner, Wohlfarth nach seinem 11. Saisontor ein gutklassiges Rummenigge-Imitat, der Ex-Amsterdamer Sören Lerby der dringend benötigte Regisseur. Und Klaus Augenthaler war allerneuester Sympathieträger. Endlich zu nationalen Ehren gekommen, wurde Ur-Bayer "Auge" prompt Werbepartner eines Möbelhauses, das ihn mit dem Slogan "Riesig groß und riesig nett" als pfundigen Typ und neues Maskottchen optimal vermarktete.

Die Gladbacher zu vermarkten, wäre an diesem Spieltag selbst für Arznei-mittel-Multis schwer gewesen - ihr müder, lustloser, matter Auftritt hätte selbst Schlafmitteln nicht zur Ehre gereicht. Der Angriff in Person von Mill agierte ängstlich, das Mittelfeld miserabel, die Abwehr blamabel. Der "kicker" strafte fünf der elf zu Beginn aufgelaufenen Gladbacher für ihre unzumutbare Darbietung mit der Schulnote "mangelhaft". Einzig Torsteher Sude erhielt auf Borussen-Seite ein "befriedigend". Dabei hatte der Mann mit der Nummer 1 das Gladbacher Desaster durch eine unglückliche Situation mit eingeleitet: Dieter Hoeneß hatte den Ball beim 1:0 nämlich nicht direkt ins Tor, sondern - von dort aus hüpfte er dann zur Führung in die Maschen - erst einmal frontal in des Keepers Gesicht geköpft....

Die endgültige Entscheidung: Roland Wohlfarth lupft zum 3:0 gegen die Gladbacher ein. Frontzeck, Sude und Rahn haben keine Chance.

Bilanz der Saison

Mönchengladbach: Platz 4, 39:29 Punkte (15/9/10), 77:53 Tore

Bayern München: Platz 1, 50:18 Punkte (21/8/5), 79:38 Tore

Teams:

Bayern: Aumann, Dremmler, Augenthaler, Eder, Nachtweih, Matthäus, Lerby, Willmer, Wohlfarth, Dieter Hoeneß (68. Michael Rummenigge), Kögl (73. Mathy).
Trainer: Lattek.

Borussia: Sude, Borowka, Bruns, Hannes, Ringels, Hochstätter, Herlovsen, Rahn (66. Dreßen), Lienen, Frontzeck (68. Herbst), Mill. Trainer: Heynckes.

Schiedsrichter: Roth (Salzgitter)

Tore: 1:0 Hoeneß (34.), 2:0 Matthäus (48.), 3:0 Wohlfarth (64.), 4:0 Mathy (78.)

Zuschauer: 75.000

Saison 1985/86

"Auge" als Ersatz-Matthäus

Das Spiel war gerade zu Ende, die Gladbacher hatten 4:2 gewonnen, da gab's zu einem Klassespiel drei kompetente Kommentare. Entschuldigendes war von den Bayern zu hören: "Uns fiel mit Dremmler, Matthäus und Winklhofer die gesamte rechte Seite aus". Leichte Enttäuschung aus den Borussen-Reihen über ausgelassene Torchancen: "Das hätte heute ein Debakel für die Bayern werden können." Und Euphorisches aus dem Mund des einstigen Gladbacher Helden Herbert Laumen: "Diese Borussia erinnert mich an die großen Zeiten der 70er Jahre. Phantastisch!"

Fakt ist: Selten haben die Gladbacher mit den Münchnern derartig Katz und Maus gespielt wie an diesem letzten Spieltag der Hinserie, der die Borussia hinter Werder auf Rang 2 hievte und die Bayern auf Platz 3 zurückfallen ließ. Die niederrheinische Maschinerie lief auf Hochtouren, die Mannschaft spielte wie aus einem Guß und so gut wie schon lange nicht mehr. Einziger Wermutstropfen: Es hätten mehr als die vier Tore gegen eine aufgeregte Bayern-Abwehr fallen müssen, die ohne den bärenstarken Augenthaler wohl in alle Bestandteile zerfallen wäre. Criens hätte seinen frühen Kopfball-Toren weitere Treffer hinzufügen, Mill in der Torschützenliste in zweistellige Dimensionen vorrücken können. Und Schorsch Dreßen hätte

nach einer guten Stunde für das 4:0 sorgen müssen: Als vier Gladbacher allein auf Aumann zuliefen, versuchte er's allein, statt auf einen freien Mitspieler zu passen. Trainer Heynckes, eigentlich mit seinem Team zufrieden, war böse auf den jungen Burschen: "Das ist nicht zu entschuldigen".

Böse waren auch die 34.000 Zuschauer - nicht auf Dreßen, sondern auf Klaus Augenthaler. Eine Woche zuvor hatte er im Spiel gegen Werder Publikumsliebling Rudi Völler übel niedergestreckt und sich den Zorn der ganzen Republik zugezogen - die Folgen bekam er am Bökelberg zu spüren. In Ermangelung des verletzten Matthäus wurde "Auge" bei jeder Ballberührung gnadenlos ausgepfiffen. Und die Borussen bei jeder Ballberührung frenetisch bejubelt. So verwöhnt wie im November 1985 wurden die Gladbach-Anhänger schließlich lange nicht mehr: Nur 70 Stunden vor dem Sieg über die Bayern

hatten die Jungs von Jupp Heynckes die große Real-Mannschaft aus Madrid im UEFA-Pokal 5:1 auseinandergenommen...

Pardon wird nicht gegeben: Rauhbein Borowka besiegt Rauhbein Augenthaler - und die Borussia die Bayern.

Borussia: Sude, Bruns, Hannes, Borowka, Dreßen, Herlovsen (57. Krisp), Rahn, Lienen, Frontzeck, Mill, Criens (70. Pinkall). Trainer: Heynckes.

Bayern: Aumann, Augenthaler, Pflügler, Eder, Flick (28. Hartmann), Nachtweih, Lerby, Michael Rummenigge, Willmer, Mathy (46. Kögl), Dieter Hoeneß. Trainer: Lattek.

Schiedsrichter: Wiesel (Ottbergen)

Tore: 1:0 Criens (8.), 2:0 Criens (25.), 3:0 Rahn (58.), 3:1 Rummenigge (71., Elfmeter), 3:2 Nachtweih (76.), 4:2 Dreßen (78.)

Zuschauer: 34.000

26. April 1986
Bayern - Borussia 6:0 (2:0)

Gladbacher Schießbudenfiguren

"So ein Tag, der dürfte nie vergehn", dröhnte es an jenem Samstag schon lange vor dem Schlußpfiff durchs Münchener Olympiastadion. Während die heimischen Bayern nämlich schon nach gut 20 Sekunden gegen die Gäste aus Gladbach die Weichen auf Sieg gestellt hatten, geriet der Konkurrent aus Bremen in Stuttgart auf die Verliererstraße. Kurz nach halb fünf bestand kein Zweifel mehr: Die Bayern würden am allerletzten Spieltag durchs bessere Torverhältnis die lange Zeit führenden Bremer noch abfangen. Die Bayern würden, nachdem sie während der ganzen Saison kein einziges Mal Platz 1 belegt hatten, zum Schluß des Spieljahres ganz oben stehen. Die Bayern würden zum bayrischen Rivalen aus Nürnberg aufschließen und die neunte deutsche Meisterschaft (acht davon zu Bundesligazeiten) erringen.

Zwei ehemalige Gladbacher strahlten dabei übers ganze Gesicht. Lothar Matthäus hatte eines seiner besten Spiele im Bayern-Dress abgeliefert, seinen ehemaligen Kameraden schon in der ersten Minute nach Hannes-Fehlpaß und Frontzeck-Querschläger den Knock Out versetzt und damit Gattin Sylvia auf der Tribüne in einen Glückstaumel versetzt, wie sie ihn nach Lolitas Auftreten wohl nicht mehr erleben durfte. Und Udo Lattek machte überglücklich eine zwölfte Kerbe in sein Bettgestell - soviele Titel hatte er mit den Bayern, den Borussen und dem FC Barcelona in den vergangenen Jahren errungen und sich damit zu Europas Erfolgstrainer Nummer 1 aufgeschwungen. Im Augenblick des Triumphes versuchte sich der Meistermacher gar als munterer Mathematiker. "Der Otto", höhnte

Lattek schadenfroh und ein wenig infantil über den so tragisch gescheiterten Kollegen Rehhagel, "hat noch keinen einzigen Titel gewonnen und ich schon 12!" Falsch gerechnet - oder galt Rehhagels 1980er Pokalsieg mit Fortuna Düsseldorf in Latteks Bilanzen nicht?

Gegen Gladbach indes hatte der Glückspilz unter Deutschlands Trainern richtig gerechnet: Die haben Angst wie immer, die packen wir wie immer, hieß seine Devise. So war's denn auch - nachdem Matthäus die Partie mit diesem Donnerschlag eröffnet und des Managers Bruder Dieter in der 25. Minute nachgelegt hatte, gaben die Gladbacher ihren eh nur hasenfüßig vorgetragenen Widerstand auf. Was sie in München ablieferten, grenzte an Leistungsverweigerung und damit Wettbewerbsverzerrung - die Bremer werden sich über die Schießbudenfiguren aus Mönchengladbach ganz schön geärgert haben.

Engagement, die Niederlage abzuwenden oder auch nur in Grenzen zu halten, zeigten die Gäste nicht. Sie luden ihren alten Rivalen geradezu ein, ihnen ordentlich die Hucke vollzuhauen - und die Bayern ließen sich, den neuerlichen Meistertitel vor Augen, nicht lange bitten. Lerby durfte zum Abschied aus München noch mal schöne Pässe schlagen, Hoeneß sich noch einmal für die Fahrkarte zur WM in Mexiko empfehlen, Augenthaler das Wechselspiel mit Eder für die Beckenbauer-Elf üben. Die Bayern kombinierten nach Belieben, schossen Tore wie im Training - und hingen mit einem Ohr immer am

Zwei gegen einen - Hoeneß und Eder gemeinsam gegen Rahn.

Radio, wo Karl Allgöwer Ottos Werderaner in tiefe Lebenskrisen stürzte.

Nach dem Abpfiff schlichen die Gladbacher wie geprügelte Hunde vom Rasen - und die Bayern starteten mitten im April eine Fete in Oktoberfestdimensionen. Die zog sich eine ganze Woche hin - am folgenden Samstag nämlich gewannen die Bayern auch noch das Pokalendspiel gegen die "Steigbügelhalter" aus Stuttgart. Titelsammler Lattek machte damit die goldene 13 voll...

Teams:

Bayern: Pfaff, Augenthaler, Eder, Pflügler, Nachtweih (76. Beierlorzer), Matthäus, Lerby, Mathy (77. Kögl), Wohlfarth, Dieter Hoeneß, Michael Rummenigge. Trainer: Lattek.

Borussia: Thorstvedt, Bruns, Krauss, Hannes, Winkhold, Borowka, Rahn, Lienen (60. Herbst), Frontzeck, Mill, Criens (60. Pinkall). Trainer: Heynckes.

Schiedsrichter: Wiesel (Ottbergen)

Tore: 1:0 Matthäus (1.), 2:0 Hoeneß (25.), 3:0 Wohlfarth (48.), 4:0 Hoeneß (58.), 5:0 Mathy (64.), 6:0 Wohlfarth (80.)

Zuschauer: 70.000

Bilanz der Saison
Mönchengladbach: Platz 4, 42:26 Punkte (15/12/7), 65:51 Tore

Bayern München: Platz 1, 49:19 Punkte (21/7/6), 82:31 Tore

Saison 1986/87

Drei Geschenke für Udo Lattek

Als sie zum Spiel gegen den ewigen Rivalen aus Mönchengladbach aufliefen, wußten die Bayern-Spieler, daß sie sich besonders würden ins Zeug legen müssen. Schließlich galt es ein Jubiläum gebührend zu feiern: Udo Lattek saß zum 470. Mal auf einer Bundesliga-Trainerbank und löste damit Gladbachs längst verstorbenen Ex-Coach Hennes Weisweiler als ewiger Rekordhalter ab. Augenthaler, Matthäus und Co. brachten den Jubeltag angemessen erfolgreich über die Bühne: Mit wohlwollender Unterstützung der schwachen Borussen gewannen sie 3:1 und blieben nach sieben Spieltagen ungeschlagener Tabellenführer.

Gegen das um Andreas Brehme (Kaiserslautern) und Hansi Dorfner (Nürnberg) weiter aufgerüstete Star-Ensemble von der Isar hatten die durcheinandergewürfelten Mönche nicht die Spur einer Chance. Zwar hielten sie bis fast zum Pausenpfiff hinten dicht, doch nach Pflüglers Kopfball ins Schwarze brachen alle Dämme. Das mit Vizeweltmeister-Ehren aus Mexiko heimgekehrte Quintett Augenthaler-Eder-Brehme-Matthäus-Hoeneß ließ die um Mill (Dortmund) und Hannes (Schalke) dezimierten Gladbacher wie Anfänger aussehen, machte das Spiel je nach Bedarf langsam oder schnell und nutzte das ungenügende Abwehrverhalten der Gäste in den entscheidenden Moment clever aus. Besonders Abwehrrecke Hansi Pflügler wurde bei seinen Kopfball-Vorstößen sträflich viel Raum gelassen.

Während der Meister sich im Nimbus der Unbesiegbarkeit sonnte und Udo Lattek seinen Ehrentag gutgelaunt genoß, redete Ewald Lienen nach dem katastrophalen Spiel Klartext. "Dieses Mal ist es wirklich eine Krise", mokierte er sich über seine Mannschaft, die nach Mills Abgang und den Verletzungen von Thiele und Criens mit dem harmlosen Youngster Christoph Budde als einzigem Stürmer auflief. Ein Blick auf die Tabelle bestätigte seine Einschätzung: Neben Schlußlicht Nürnberg als einziges Team nach sieben Spieltagen noch ohne Sieg, stand Mönchengladbach, punktgleich mit dem Tabellenvorletzten Düsseldorf, mit 3:11 Zählern auf Rang 15 und damit auf dem Sprungbrett in die Zweite Liga ...

Bayern: Pfaff, Augenthaler, Eder, Pflügler, Nachtweih, Mathy, Matthäus, Brehme (63. Flick), Michael Rummenigge, Wohlfarth, Dieter Hoeneß (31. Dorfner). Trainer: Lattek.

Borussia: Kamps, Bruns, Dreßen, Frontzeck, Winkhold, Krauss, Rahn, Lienen, Borowka, Bakalorz, Budde (58. Brandts). Trainer: Heynckes.

Schiedsrichter: Osmers (Bremen)

Tore: 1:0 Pflügler (45.), 2:0 Matthäus (55.), 3:0 Wohlfarth (58.), 3:1 Rahn (68.)

Zuschauer: 64.000

Der Jupp sagt leise servus

Den Abschied vom Bökelberg hatte sich Jupp Heynckes anders vorgestellt. Ausgerechnet gegen die Bayern, die er in der kommenden Saison trainieren sollte, präsentierte sich sein Team einmal mehr in desolater Verfassung. "Jupp Heynckes tut mir leid", hatte Gästetrainer Lattek schon vor dem Spiel auf die dumme Situation des Kollegen hingewiesen, "gewinnt er heute, bekommt er Einreiseverbot nach München. Verliert er, sind die Borussen-Fans sauer."

Natürlich waren sie sauer - am wenigsten aber auf Jupp Heynckes. Eher schon auf Jörg Criens - der vergab Torchancen in Schülermanier. Auf Uli Borowka - der lieferte sich haarsträubende Stockfehler. Auf Uwe Kamps - der kam beim entscheidenden Hoeneß-Kopfballtor völlig unmotiviert aus seinem Kasten. Und vor allem auf Michael Frontzeck - der Außenverteidiger schoß nach einer Stunde einen (unberechtigten) Elfmeter haushoch in die Wolken. Nach dem Spiel spielte er denn auch selbstkritisch die Rolle des Buhmanns: "Schreiben Sie, daß ich allein an dem Punktverlust schuld bin!"

Angesichts der offensichtlichen Gladbacher Sturmschwäche, die nach Uwe Rahns langfristiger Verletzung und Günter Thieles eklatanter Formschwäche dramatische Dimensionen annahm, konnten die souveränen Tabellenführer aus München sogar die frühen Ausfälle von Augenthaler und Hansi Dorfner locker wegstecken. Helmut Winklhofer, Norbert Nachtweih und Norbert Eder organisierten sich kurzfristig neu - und schon stand die Bayern-Deckung, mit gerade mal 22 Gegentreffern in 24 Spielen eh die sicherste der Liga, wieder bombenfest. Befürchtungen, ihre Mannschaft könnte das Spiel noch verlieren, mußten die Münchner Fans eigentlich nicht haben. Die Routiniers Matthäus, Brehme oder Hoeneß hatten den Gegner jederzeit im Griff und die Begegnung stets unter Kontrolle. Allein ein zweites Tor zu schießen und die Gladbacher damit endgültig zu demoralisieren, diese

Andy Brehme wird von Mannschaftsarzt Dr. Müller-Wohlfahrt zum 1:0-Sieg beglückwünscht.

Chance vergab das Star-Ensemble von der Isar allzu leicht.

Leicht war zum Ende des Spieljahres auch Jupp Heynckes zumute. Sein neuer Club war Meister, sein alter Verein die Sensation des letzten Saisondrittels geworden. "Im Herzen bleibe ich immer Gladbacher, auch wenn ich jetzt nach München gehe", hatte Borussias Urgestein nach dem 0:1 gegen die Bayern verkündet. Seine um den wiederauferstandenen Rahn verstärkte Mannschaft dankte ihm diesen Treueschwur mit einer bis heute unerreichten Leistung. Mit zehn Siegen in Folge, mit 20:0 Punkten am Stück schoß sie sich in den letzten Spielen der Saison noch vom elften auf den UEFA-Cup-trächtigen dritten Platz...

Bilanz der Saison
Mönchengladbach: Platz 3,
43:25 Punkte (18/7/9),
74:44 Tore
Bayern München: Platz 1,
53:15 Punkte (20/13/1),
67:31 Tore

Teams:

Borussia: Kamps, Bruns, Borowka, Frontzeck, Winkhold, Krauss, Herlovsen, Hochstätter (55. Thiele), Dreßen, Criens, Lienen (77. Brandts). Trainer: Heynckes.
Bayern: Pfaff, Augenthaler (15. Winklhofer), Nachtweih, Eder, Matthäus, Brehme, Dorfner (27. Lunde), Pflügler, Michael Rummenigge, Wohlfahrt, Dieter Hoeneß. Trainer: Lattek.
Schiedsrichter: Zimmermann (Kiel)
Tore: 0:1 Hoeneß (35.)
Zuschauer: 33.000

Saison 1987/88

Pennäler contra Pauker

Der 2:0-Sieg der Gladbacher über den deutschen Meister entpuppte sich als Durchschnittsspiel, als Partie ohne große Rasse und Klasse, als vergessenswertes Bundesliga-Einerlei. Und doch schrieb dieser Kick Fußball-Geschichte: Erstmals war Jupp Heynckes als neuer Trainer des FC Bayern an seine alte Wirkungsstätte zurückgekehrt.

Der Fußball-Lehrer, der so gerne mal einen Titel gewinnen wollte und deshalb dem Liebeswerben der Bayern dankbar erlegen war, hatte Mißfallenskundgebungen in seiner Heimat befürchtet. Doch das Gegenteil trat ein: Nach 22 Jahren als Spieler, Co-Trainer und Chefcoach der Borussia empfingen ihn die Fans in der Nordkurve mit frenetischem Beifall und lauten "Heynckes!"-Rufen. Der Jupp war erleichtert - da machten ihm die "Zieht den Bayern die Lederhosen aus!"-Gesänge herzlich wenig aus.

Die Niederlage indes schmerzte ihn ganz schön. Weil Bayern auch ohne den verletzten Matthäus über weite Strecken der Begegnung die bessere Mannschaft war. Weil Kögl, Wohlfahrth und Neu-Kanonier Jürgen Wegmann Chancen zuhauf hatten. Und weil ausgerechnet Jupps einstiger Lieblingsschüler Uwe Rahn im Alleingang für die Niederlage verantwortlich zeichnete. Erst ein Flugkopfball nach Winkhold-Flanke, dann ein Elfmeter nach Augenthaler-Grätsche gegen den herausragenden Ex-Kasselaner Bakalorz - der Torschützenkönig der letzten Saison und frischgebackene Fußballer des Jahres zeigte, sehr zur Freude des einstigen Heynckes-Assistenten und neuen Cheftrainers Wolf Werner, einmal mehr eine Glanzleistung. Es sollten, das wußte

Mit artistischem Flugkopfball bringt Uwe Rahn Borussia mit 1:0 in Führung. Eder (li.) und Winklhofer reagieren mit Entsetzen.

zu dieser Zeit noch niemand, nicht mehr allzu viele Glanzleistungen des blonden Recken im Borussen-Trikot folgen...

Teams:

Borussia: Kamps, Bruns, Herbst, Dreßen, Winkhold, Herlovsen, Hochstätter, Bakalorz, Frontzeck, Rahn, Criens.
Trainer: Werner.
Bayern: Pfaff, Augenthaler, Nachtweih, Eder, Winklhofer, Brehme, Dorfner, Kögl, Pflügler, Wohlfahrth, Wegmann.
Trainer: Heynckes.
Schiedsrichter: Dellwing (Osburg)
Tore: 1:0 Rahn (37.), 2:0 Rahn (45. Elfmeter)
Zuschauer: 34.500

Saison 1987/88

Ausgerechnet Matthäus...

Die frierenden 18.000 Zuschauer im Münchner Olympiastadion wollten ein Feuerwerk der Bayern sehen, die Tabellenführer Bremen hautnah auf den Fersen waren. Zu sehen bekamen sie stattdessen so etwas wie ein Handballspiel. Gladbach stand mit elf Leuten hinten drin und machte die Räume vor dem 16-Meter-Raum eng. Und die Münchner spielten, wie die Kreisläufer bei Gummersbach oder Leutershausen, vor dem Strafraum hin und her, nach rechts und links, um eine Lücke zu finden. Sie fanden sie nicht - bis zur 79. Minute.

Dann nämlich fiel Matthäus über Criens - den unberechtigten Freistoß drosch der Kapitän höchstselbst flach und scharf aus 17 Metern in die Maschen. Erfolgreicher Abschluß eines langatmigen und unattraktiven Breitwand-Fußballs, dem selbst Matthäus - angespornt durch die Geburt seines zweiten Kindes und durch den bevorstehenden Wechsel zu Inter Mailand - keine Konturen zu geben vermochte. Während man den Bayern das Bemühen, die Kugel irgendwie ins Netz befördern zu wollen, nicht absprechen konnte, war bei den Borussen so gut wie kein Offensivdrang zu entdecken. Hochstätter schoß in der 40. Minute ein einziges Mal aufs Bayern-Tor - das war's auch schon an Gladbacher Angriffslust an diesem Nachmittag.

Nachdem sich die Gladbacher nach desolatem Saisonstart zum Ende der Hinserie auf Rang 4 nach vorne gespielt hatten, war die Rückserie bis dato eine einzige Katastrophe. Borowka nach Bremen verkauft, Rahn, Dreßen, Herlovsen verletzt - die zur Winterpause durch Jörg Neun verstärkte Mannschaft schlitterte in eine neuerliche Krise. 0:8 Punkte hatte sie nach der Blamage von München auf dem Buckel, weitere Niederlagen sollten folgen. Prompt verpaßte man zum Saisonende den UEFA-Cup - und die Bayern trotz der Verpflichtung des walisischen Brechers Mark Hughes die von Jupp Heynckes so dringend herbeigesehnte deutsche Meisterschaft.

TEAMS:

Bayern: Pfaff, Augenthaler, Winklhofer (58. Kögl), Eder, Brehme, Matthäus, Michael Rummenigge, Eck (80. Flick), Pflügler, Wohlfarth, Hughes. Trainer: Heynckes.

Borussia: Kamps, Bruns, Frontzeck, Eichin, Winkhold, Krauss, Hochstätter, Bakalorz, Neun, Thiele (80. Budde), Criens. Trainer: Werner.

Schiedsrichter: Neuner (Leimen)

Tore: 1:0 Matthäus (79.)

Zuschauer: 18.000

Bilanz der Saison
Mönchengladbach: Platz 7, 33:35 Punkte (14/5/15), 55:53 Tore
Bayern München: Platz 2, 48:20 Punkte (22/4/8), 83:45 Tore

Saison 1988/89

Eine fußballerische Frechheit

So erregt wie diesmal hatte man die "kicker"-Redakteure noch nie gesehen. "Eine objektive Benotung von Bayern-Torwart Aumann ist leider unmöglich", schrieben sie nach dem Betrachten einer für Mönchengladbach hochgradig peinlichen Partie, "er mußte kein einziges Mal eingreifen". Hatte die Mannschaft vom Niederrhein Monate zuvor schon mit destruktivem Spiel ein torloses Remis ermauern wollen, so sollte diesmal noch eine kaum für möglich gehaltene Steigerung ins Blamable folgen. Die "kicker"-Kollegen griffen ob dieser fußballerischen Frechheit zum Äußersten und verteilten an Bruns, Krauss, Eichin, Lange, Hochstätter, Effenberg, Rahn und Criens die Note "6" - "ungenügend". Daß hingegen Uwe Kamps im Gladbacher Tor eine "1" und das Prädikat "Weltklasse" bekam, spricht Bände - ein zweistelliges Schützenfest wäre bei schwächerer Torwartleistung möglich und wohl auch verdient gewesen.

Eine solch schlechte Gladbacher Mannschaft wie diese hatten die Sportredakteure aus Nürnberg noch nie zuvor gesehen: "Die Mönche verhielten sich keusch und brav wie dieselben, gingen nach Möglichkeit jedem Zweikampf aus dem Weg, ließen den Einsatz völlig vermissen und vermieden jede überflüssige Annäherung an den Münchner Strafraum. Sie ergaben sich mit einem an Selbstqual grenzenden Hang zur Wehrlosigkeit ihrem Gegner."

Der veralberte die Borussen wie ein Profíclub einen Amateurverein der untersten Kategorie. Ohne die "Italiener" Matthäus und Brehme, aber mit den Neuverpflichtungen Grahammer,

Reuter (beide Nürnberg), Thon (Schalke) und dem Schweden Ekström machten sie Klassenunterschiede deutlich - aber zu wenig Tore aus ihren zahlreichen Chancen. Die beiden Wegmann-Treffer und das Augenthaler-Tor spiegelten das Kräfteverhältnis zwischen beiden Teams nur unzureichend wider. Während er über die Treffsicherheit seiner Angreifer trefflich räsonieren durfte, fand Jupp Heynckes angesichts der Gladbacher Harmlosigkeit ein wohl eher ironisch gemeintes Lob für seine abermals ohne Gegentreffer gebliebene Hintermannschaft: "Wichtig ist, daß wir uns auch heute wieder kein Tor eingefangen haben..."

Bayern: Aumann, Augenthaler, Grahammer, Nachtweih, Reuter, Flick, Thon (50. Eck), Pflügler, Wohlfarth (77. Ekström), Wegmann, Kögl. Trainer: Heynckes.

Borussia: Kamps, Bruns, Krauss, Eichin, Straka, Lange (46. Winkhold), Dreßen, Hochstätter, Effenberg (46. Rahn), Frontzeck, Criens. Trainer: Werner.

Schiedsrichter: Matheis (Rodalben)

Tore: 1:0 Wegmann (16.), 2:0 Augenthaler (19.), 3:0 Wegmann (75.)

Zuschauer: 31.000

Ende einer großen Serie

Die Fakten sprachen vor dem Rückspiel eine deutliche Sprache. Die Bayern waren in den 23 vorangegangenen Saisonspielen ohne Niederlage geblieben, führten scheinbar uneinholbar vor dem 1. FC Köln die Tabelle an. Die Borussen waren trübes Mittelfeld, nach dem Verkauf von Rahn und den Verletzungen von Thiele, Herlovsen und Dreßen personell angeschlagen und von Erfolgserlebnissen nicht unbedingt verwöhnt. Alles rechnete also mit zwei Pluspunkten für die Münchner - doch es kam, wie es Kölns Coach Christoph Daum prophezeit hatte: "Die Bayern verlieren am Bökelberg".

Genau danach sah es 44 Minuten lang gar nicht aus. Die Borussen rannten, rackerten und kämpften zwar vorbildlich - aber die Bayern konterten cool, clever und erfolgreich. Zu Recht stand es durch Ekströms Kopfball nach kapitalem Abwehrschnitzer 1:0 für die Gäste, die den Pausenpfiff erhofften. Und für die abwartende Halbzeit-Haltung bestraft wurden. 10 Sekunden vor dem Ende der ersten Hälfte gelang Jörg Neun sein erstes Tor im Borussen-Dress und das 1:1.

Was die Gladbacher - angetrieben von Effenberg, dem Trainer Werner eine rosige Zukunft als "König vom Bökelberg" in Aussicht gestellt hatte - nach dem Wechsel vollführten, hieß ein glücklicher Kapitän Bruns später "unser bestes Spiel dieser Saison - mit Abstand". Zu den kämpferischen entdeckten die durch die Verletzungen von Winkhold und Criens zusätzlich geschwächten Gastgeber nun auch spielerische Tugenden. Der Außenseiter erspielte sich gegen den Favoriten ein Übergewicht - und der herausragende Hochstätter erzielte gegen fünf vernaschte Bay-

ern das entscheidende 2:1. Der Bökelberg verwandelte sich zum Tollhaus, und die Liga, von Langeweile bedroht, dankte den Gladbachern überschwenglich.

Die Bayern wankten nach der Niederlage - aber sie fielen nicht. Am Ende der Saison durfte Jupp Heynckes endlich eine Meisterschaft bejubeln - die Gladbacher indes hatten den Sprung in den UEFA-Cup abermals knapp verpaßt. Ihnen blieb unterm Strich nur der Gedanke an jenen triumphalen Nachmittag, der den Münchnern wie ein schlechter Aprilscherz vorgekommen sein muß. Das Gladbacher Innenleben nach dem Sieg über die Bayern verbalisierte Stefan Effenberg am besten: "Mein Gott, ist das ein schönes Gefühl!"

Die Bayern Ekström und Augenthaler gucken bös: Gladbach (hier mit Frontzeck und Bruns) bringt den Münchnern die erste Saisonniederlage bei.

Bilanz der Saison
Mönchengladbach: Platz 6, 38:30 Punkte (12/14/8), 44:43 Tore
Bayern München: Platz 1, 50:18 Punkte (19/12/3), 67:26 Tore

Teams:

Borussia: Kamps, Bruns, Winkhold (11. Krauss), Eichin, Straka, Effenberg, Rekdal, Frontzeck, Neun, Hochstätter, Criens (46. Lange). Trainer: Werner.

Bayern: Aumann, Augenthaler, Grahammer, Johnsen (80. Flick), Reuter, Dorfner, Thon (73. Eck), Pflügler, Ekström, Wohlfarth, Kögl. Trainer: Heynckes.

Schiedsrichter: Wiesel (Ottbergen)
Tore: 0:1 Ekström (24.), 1:1 Neun (45.), 2:1 Hochstätter (67.)
Zuschauer: 34.500

Saison 1989/90

Straka hält den Bayernspieler Flick am Hemd fest, dahinter Bruns.

Klinkerts komische Englischlektion

Als Schiedsrichter Osmers den langweiligen Sommerfußball nach 90 schwachen und torlosen Minuten abpfiff, mag manchem Borussenfreund schon Böses geschwant haben. In München hatten die Gladbacher schon so manches miese Spiel abgeliefert - aber auf dem Bökelberg waren sie in 24 Bundesligajahren gegen die Bayern noch nie so schwach gewesen. Nachdem nun auch noch Frontzeck in Richtung Stuttgart und Dreßen gen Köln abgewandert waren, gab es in den Reihen der "Fohlen", im Gegensatz zu vergangenen glorreichen Tagen, nicht einen echten Gladbacher mehr.

Den Neuverpflichtungen jedenfalls mangelte es durch die Bank an Stallgeruch: Der Saarländer Klinkert kam aus Schalke, Michael Spies aus Karlsruhe und der in Polen gebürtige Martin Max vom Verbandsligisten 1. FC Recklinghausen.

Die Einkäufe der ebenfalls neuformierten Münchner waren da schon von anderem Kaliber. Nationalstopper Jürgen Kohler aus Köln und die als "Mic & Mac" apostrophierten Stürmer McInally und Mihajlovic repräsentierten internationale Klasse. Die sie am Bökelberg allerdings nicht unter Beweis stellten. Als seien sie gegen einen schwachen Gegner von vornherein mit einem Punkt zufrieden, paßten sie sich im Laufe der Partie dem Niveau der Borussen an. Während sich denen so gut wie keine Torchancen boten, waren die Münchner zumindest einmal hautnah dran am verdienten Siegtreffer. Doch Manni Benders Kopfball fand in Uwe Kamps, nicht zum ersten Mal bester Borusse, seinen Meister.

Waren die Fans der Weißen und der Roten enttäuscht von diesem unerquicklichen Gekicke, so zogen einzelne Spieler doch besondere Erkenntnisse aus der Begegnung. Hansi Dorfner zum Beispiel übertraf seine Kameraden und Nationalmannschafts-Konkurrenten Thon, Pflügler, Reuter bei weitem und zeigte, ganz gegen sein Naturell, die Zähne: "Ich will mit zur WM nach Italien". Michael Klinkert nutzte das Duell gegen den Schotten Alan McInally zur Auffrischung seiner rudimentären Englisch-Kenntnisse: "Zum Schluß rutschten ihm einige Flüche raus. Ich habe wenig verstanden, aber aus einer guten Kinderstube waren die nicht." Und Hans-Jörg Criens gab sich vorausschauend und forderte schon nach dem zweiten Saisonspiel vehement Neuverpflichtungen für den Angriff: "Ein Klassemann muß auf jeden Fall her!" Er sollte ihn bekommen - und einen neuen Trainer dazu...

Borussia: Kamps, Klinkert, Straka, Eichin, Winkhold, Effenberg, Spies (82. Winter), Hochstätter, Neun, Max (67. Bruns), Criens. Trainer: Werner.

Bayern: Aumann, Augenthaler, Grahammer, Kohler, Reuter, Flick, Thon (45. Schwabl), Pflügler, Dorfner, McInally, Mihajlovic (77. Bender). Trainer: Heynckes.

Schiedsrichter: Osmers (Bremen)

Tore: keine

Zuschauer: 34.500

Borussia im Tabellenkeller

Das hatte es noch nicht gegeben: Borussia Mönchengladbach absolvierte das Gastspiel im Olympiastadion als Abstiegskandidat Nummer 1! Die einst so famose Mannschaft spielte die schlimmste Saison seit dem Aufstieg in die Bundesliga, stand zur Halbzeit auf dem allerletzten Tabellenplatz und hatte erstmals in der Vereinsgeschichte einen Trainer vorzeitig entlassen. Nach einer Negativ-Serie von 0:14 Punkten war Wolf Werner Ende November von seinem Assistenten Gerd vom Bruch abgelöst worden.

Der hatte bei Amtsantritt wenig Grund zum Optimismus, aber zumindest den Stürmer zur Verfügung, den Jörg Criens schon so früh gefordert hatte. Igor Belanow, 1986er WM-Star und im gleichen Jahr zu Europas Fußballer des Jahres gekürt, sollte indes wenig gute Spiele im Borussen-Trikot zeigen - in München jedoch war er der einzige inmitten einer schwachen Mannschaft, von dem so etwas wie Gefahr fürs Münchner Gehäuse ausging. Der Rest jedoch - ob Spies, Criens oder Bruns - schien sich der obligatorischen Niederlage in München schon vor dem Anpfiff gewiß.

Die Bayern, bei denen sich der als Riesentalent angepriesene Ex-Duisburger Thomas Strunz ein Plätzchen im Mittelfeld erkämpft hatte, nutzte die Gladbacher "Kaninchen vor der Schlange"-Haltung allerdings nur zu zwei kümmerlichen Treffern. Nach Wohlfarths frühem Führungstor ließen sie die Zügel unerklärlicherweise schleifen und sorgten erst eine Viertelstunde vor dem Ende durch McInally für die endgültige Entscheidung. Die alte Bayern-Schwäche trat zutage: Mihajlovic, Wohlfarth, Kögl und der nach acht Verlet-zungswochen erstmals wieder aufgebotene Olaf Thon machten zuwenig aus ihren Tormöglichkeiten. Ihr Glück, daß die Konkurrenz aus der Münchner Schußschwäche kein Kapital zog: Die Bayern verteidigten den Meistertitel souverän mit sechs Punkten Vorsprung. Und auch für die fast schon abgeschriebene Borussia endete die Saison nach einem erfolgreichen Zwischenspurt noch glimpflich: Durch ein 0:0-Zitterspiel am letzten Spieltag in Uerdingen hatte man Rang 15 erreicht und den Abstieg damit hauchdünn vermieden. In Gladbach freuten sich 200.000 Menschen über den Klassenerhalt, in München zumindest einer: Der Ur-Gladbacher Jupp Heynckes...

Alan McInally ist der Held des Tages - gegen Krauss, Huschbeck und Kamps erzielt er das entscheidende 2:0 für Bayern.

Wiedersehen macht Freude

Oft war Uwe Kamps nach Spielen in München mit Lob überschüttet worden, oft hatte er als einziger in desolaten Borussen-Teams Leistung gezeigt. Diesmal spielte er erneut auffällig - allerdings in negativer Hinsicht. 53 Minuten lang war das Borussen-Konzept einer flexiblen Abwehr, eines dichtgestaffelten Mittelfelds, eines auf Konter angelegten Angriffs gegen den Meister optimal aufgegangen. Doch dann kam Uwe Kamps und holte - eine "völlig überflüssige, hirnlose Grätsche" hieß der "kicker" des Torhüters Attacke - Manfred Bender im Strafraum von den Beinen. Strunz verwandelte den Elfmeter zur späten Bayern-Führung. Die Münchner mit dem eingewechselten Glücksbringer Wohlfarth spielten danach wie befreit, die Mönchengladbacher brachen zusammen wie ein Kartenhaus.

In beiden Clubs war vor dieser Saison eine neue Ära angebrochen. In München durfte der Ex-Karlsruher Sternkopf nun seine langen Haare flattern lassen, der Ex-Uerdinger Brian Laudrup den Gegnern Knoten in die Beine spielen und ein Ex-Gladbacher den Möchtegern-Matthäus mimen: Für vier Millionen Mark hatten die Bayern das Juwel Stefan Effenberg von den chronisch finanzschwachen Gladbachern losgeeist.

Gegen sein altes Team indes durfte "Effe" nicht ran - während er auf der Bank schmorte und grollte, feierte Olaf Thon nach zweieinhalb Monaten Verletzung ein Kurzzeit-Comeback mit der Nummer 14 ("wie früher Johan Cruyff"). Heynckes hatte den blonden Mittelfeld-Renner aus disziplinarischen Gründen zum Zuschauen verurteilt. Und der rächte sich, in-

dem er sich demonstrativ zu seinen Ex-Kollegen auf die Gladbacher Bank setzte und sich nach dem Schlußpfiff nach einer Stippvisite in der Bayern-Kabine 20 Minuten lang in die Räumlichkeiten der ehemaligen Mitspieler gesellte.

Die meisten von ihnen kannte er ja noch. Nur der aus dem Osnabrücker Zweitliga-Exil zurückgeholte Frank Schulz und der Ex-Nürnberger Martin Schneider hatten nicht mit ihm zusammengespielt. Ein dritter Gladbacher Neuzugang war ein paar Tage zuvor sogar noch Effes Trainingskumpan gewesen: Thomas Kastenmaier, von Borussias Neu-Manager Rolf Rüssmann nach Saisonstart verpflichtet, war der erste Münchener seit Bundesligagründung, der von den Bayern nach Mönchengladbach wechselte. Was er einmal wert sein könnte, bewies "Kaste" schon in München - mit einem fulminanten Distanzschuß markierte er Borussias Ehrentor.

Roland Grahammer (links) und Martin Schneider.

Bayern: Aumann, Augenthaler, Schwabl, Kohler, Pflügler, Sternkopf (46. Wohlfarth), Strunz, Dorfner, Bender, Laudrup, Mihajlovic (65. Thon). Trainer: Heynckes.
Borussia: Kamps, Kastenmaier, Klinkert, Eichin, Schulz, Neun, Winter, Pflipsen (73. Wynhoff), Martin Schneider, Hochstätter (73. Spies), Max. Trainer: vom Bruch.
Schiedsrichter: Föckler (Weisenheim)
Tore: 1:0 Strunz (53., Elfmeter), 2:0 Wohlfarth (58.), 3:0 Wohlfarth (60.), 3:1 Kastenmaier (77.), 4:1 Kohler (89.)
Zuschauer: 51.000

Saison 1990/91

17. April 1991
Borussia - Bayern 1:1 (0:0)

Zwei Youngster auf dem Weg ins Rampenlicht:
Gladbachs Karlheinz Pflipsen (vorn) und Bayerns Thomas Strunz.

"Auge" mit Augenmaß

Bevor er erstmals nach seinem Wechsel im Bayern-Trikot an alter Mönchengladbacher Wirkungsstätte auflief, hatte Stefan Effenberg Positiv-Reaktionen wie einst im Falle Heynckes erhofft. Pustekuchen - es hagelte Negativ-Reaktionen wie einst im Falle Matthäus. Wie dieser, wurde auch "Effe" mit donnernden "Judas"-Rufen empfangen. Selbst seine Good Will-Aktion, von ihm signierte Lederbälle mit der Widmung "Ein großes Dankeschön für die Gladbacher Zeit" ins Publikum zu schießen, änderte an der feindlichen Stimmung nichts - die Fans warfen die Kugeln unbeachtet aufs Spielfeld zurück.

Dies Spielchen um Liebe, Haß und Effenberg war auch das Spannendste an diesem ansonsten langweiligen Fußball-Abend. Die Titelaspiranten aus München wollten, die der Abstiegssorgen noch nicht vollkommen ledigen Mönche konnten es nicht besser. Die Außen - Kastenmaier und Neun hüben, Reuter und Bender drüben - neutralisierten sich gegenseitig, die Stürmer Max/Criens und Wohlfarth/Thon waren bei ihren Gegenspielern in guten Händen, die Torhüter Kamps und Aumann hielten sich beschäftigungslos mit Dehnübungen warm. Allein manche Kunststückchen der Mittelfeld-Zauberer erwärmten dann und wann die Herzen der Zuschauer - auf Bayern-Seite zeichneten Effenberg, auf Borussen-Seite der aus Bremen verpflichtete Ex-Nationalspieler Norbert Meier und das Jungtalent Pflipsen dafür verantwortlich.

Nach 75 Minuten Langeweile riß die letzte Viertelstunde das Publikum doch noch aus dem Tiefschlaf. Nach 77 Minuten überwand Oldie Hans-Jörg Criens den Bayern-Keeper nach einem Max-Zuspiel zum überraschenden 1:0 - eine Minute vor dem Ende egalisierte Bayern-Kapitän Augenthaler, der in der ersten Hälfte bereits einen Fernschuß ans Gladbacher Gebälk gesetzt hatte, per Kopf nach einer Thon-Ecke. Wieder einmal war die Glücksgöttin in letzter Sekunde den Münchenern hold gewesen. Thomas Kastenmaier dazu: "Typischer Bayern-Dusel". Er als waschechter Bajuware und langjähriger Bayern-Kicker mußte es ja wissen...

Bilanz der Saison
Mönchengladbach: Platz 9,
35:33 Punkte (9/17/8),
49:54 Tore
Bayern München: Platz 2,
45:23 Punkte (18/9/7),
74:41 Tore

Teams:

Borussia: Kamps, Straka, Klinkert, Eichin, Kastenmaier, Martin Schneider, Hochstätter, Meier (37. Pflipsen), Neun, Max, Criens.
Trainer: vom Bruch.
Bayern: Aumann, Augenthaler, Grahammer, Kohler (89. Sternkopf), Bender (81. Ziege), Reuter, Strunz, Effenberg, Schwabl, Wohlfarth, Thon. Trainer: Heynckes.
Schiedsrichter: Merk (Kaiserslautern)
Tore: 1:0 Criens (77.), 1:1 Augenthaler (89.)
Zuschauer: 34.500

Kampf gegen den Abstieg

Das Duell im Olympiastadion endete, wie es seit 1965 meist endet: mit einem standesgemäßen Sieg der Bayern. Aber so normal, wie das Ergebnis schien, waren das Spiel und vor allem die Begleitumstände beileibe nicht.

Ging es früher beim Aufeinandertreffen der Rivalen um Meisterschaften oder UEFA-Cup-Plazierungen, so ging es diesmal um nichts als den Abstieg. Die Vizemeister aus München standen auf dem ungewohnten Platz 14, die Mönche vom Niederrhein nach kurzem Zwischenhoch erneut auf Abstiegsrang 17. Entsprechend unruhig war es vereinsintern auf beiden Seiten zugegangen. In Gladbach hatte man zweieinhalb Wochen zuvor Gerd vom Bruch entlassen und durch den ehemaligen Leverkusener Coach Jürgen Gelsdorf ersetzt. In München hatte man Jupp Heynckes wegen Erfolglosigkeit hinausgekegelt - auf der Bank saß nun der bis dato erfahrungslose Neu-Trainer und Alt-Profi Sören Lerby. Und auf der Tribüne als spiritus rector der designierte Vizepräsident Franz Beckenbauer.

Daß es die verletzungsgeplagten Borussen mit einer nahezu unveränderten Mannschaft - neu waren allein der Ex-Uerdinger Holger Fach und der Lauterer Reservist Joachim Stadler - nicht viel besser konnten, verwunderte nicht. Aber die Bayern? Kreuzer war aus Karlsruhe gekommen, Berthold aus Italien heimgeholt, Labbadia vom Meister Kaiserslautern verpflichtet, der Brasilianer Mazinho als Wunderstürmer angekündigt worden. Und im Tor stand, nach einer langwierigen Verletzung Aumanns, kein anderer als der legendäre Harald "Toni" Schumacher.

Gegen Gladbach absolvierte der 76fache Nationaltorwart, der nach seinen Kölner und Schalker Jahren zuletzt den Kasten bei Fenerbahce Istanbul saubergehalten hatte, sein erstes Spiel nach seiner Rückkehr. Einen besseren Einstand hätte er nicht feiern können: Bis auf eine Max-Chance hatte er nicht viel zu parieren. "Es ist eingetreten, was ich befürchtet hatte", klagte hinterher Borussen-Coach Gelsdorf, "wir waren der Aufbau-Gegner der Bayern". Stimmt: Daß die bis dato so desolat wirkenden Münchner nicht mehr als die beiden Mazinho-Treffer und das erste Effenberg-Tor gegen seine alten Kameraden zustandebekamen, war eigentlich verwunderlich. Aber Labbadia verstolperte so einiges, Gladbachs vortrefflicher Vorstopper Klinkert spielte etliche Male Feuerwehrmann in letzter Not, und Uwe Kamps hielt nach 38 Minuten gar einen Foulelfmeter von Olaf Thon. Eigentlich war Stefan Effenberg als Elfmeterschütze der Bayern vorgesehen - aber gegen Gladbach wollte er wohl nicht...

"Ein wunderschönes Gefühl", stammelte Toni Schumacher nach dem ersten Sieg nach so vielen Pleiten. "Wir sind eine Mannschaft", ergänzte Stefan Effenberg, und Thomas Berthold meinte: "Das war heute die beste Mannschaftsleistung". Wer die herausgekitzelt hatte? Nicht Trainer Lerby, sondern Franz Beckenbauer. Der nämlich war vor dem Spiel in die Bayern-Kabine marschiert und hatte auf gewohnt philosophische Art gesagt: "Geht's raus und gewinnt's!". Was sie dann auch getan haben...

Teams:

Bayern: Schumacher, Ziege, Babbel, Kreuzer, Berthold (72. Strunz), Schwabl, Effenberg, Thon, Bender, Labbadia, Mazinho.
Trainer: Lerby.

Borussia: Kamps, Fach, Stadler (72. Wynhoff), Klinkert, Kastenmaier, Eichin, Martin Schneider, Meier, Neun, Max, Salou.
Trainer: Gelsdorf.

Schiedsrichter: Merk (Kaiserslautern)
Tore: 1:0 Mazinho (34.), 2:0 Effenberg (56.), 3:0 Mazinho (80.)
Zuschauer: 36.000

Saison 1991/92

Ärger um einen Elfer

Auch ein halbes Jahr nach den Turbulenzen des Herbstes 91 war bei beiden Teams keineswegs Ruhe eingekehrt. Abstiegssorgen hatten die Bayern zwar nicht mehr, dafür aber bereits den dritten Trainer der Saison: Nach Heynckes und Lerby saß nun "Sir" Erich Ribbeck auf der Münchner Bank. In Mönchengladbach saß weiterhin Jürgen Gelsdorf im Sattel - mit unattraktiver und ängstlicher Spielweise hatte er zwar ein paar Punkte mehr angehäuft als Vorgänger vom Bruch, aber aus dem Schneider war seine Mannschaft längst noch nicht. Erst am vorletzten Spieltag rettete sie sich vor der drohenden Zweitklassigkeit.

Das Wissen um einen möglichen Fall in die Bedeutungslosigkeit lähmte denn auch die Aktionen der Gladbacher Spieler. Nach ansehnlicher erster Hälfte verkrampften sie nach dem Wechsel zusehends, was den ohne die verletzten Wouters und Wohlfarth angetretenen Bayern Raum zum Kontern und zum Kombinieren gab. Verdient waren die Gäste, die nach einem im Training geäußerten "Götz von Berlichingen"-Zitat fortan ohne Thomas Strunz kicken mußten, nach einem Klinkert-Schnitzer denn auch in Führung gegangen. Doch Criens, nach monatelanger Verletzungspause seit wenigen Spielen wieder dabei, holte vier Minuten später einen Elfmeter heraus und verwandelte ihn selbst zum 1:1-Endstand. "Criens hat mich mit beiden Händen festgehalten und fiel dann praktisch auf mich drauf", glaubte "Sünder" Thomas Berthold einen Schwalben-Trick des ausgebufften Stürmers erkannt zu haben. Der der Schauspielerei bezichtigte Criens hatte die Szene natürlich ganz

anders gesehen: "Berthold hat mich von hinten umgerissen, zwei- oder dreimal angesetzt, bis ich fiel. Ganz eindeutige Entscheidung."

Eindeutig war nur eins: Hätte Criens in den letzten 13 Saisonspielen nicht sieben Tore und sich selbst damit zum Gladbacher Torjäger gemacht - die Borussen, die wenige Wochen später das DFB-Pokalfinale gegen die unterklassigen 96er aus Hannover sensationell verlieren sollten, hätten in der Folgesaison nicht mehr gegen die Bayern, sondern nur noch um Zweitliga-Punkte gekickt...

Kaum jemand mag sich noch erinnern: Effenberg spielt im Bayern-Trikot. Aber Pflipsen und Laudrup hat es damals schon nicht sonderlich interessiert.

Teams:

Borussia: Kamps, Fach, Klinkert, Huschbeck, Kastenmaier, Pflipsen (77. Wynhoff), Schulz, Martin Schneider, Neun, Max, Criens.
Trainer: Gelsdorf.
Bayern: Hillringhaus, Thon, Berthold, Kreuzer, Sternkopf (87. Pflügler), Schwabl (74. Grahammer), Effenberg, Mazinho, Münch, Laudrup, Labbadia.
Trainer: Ribbeck.

Schiedsrichter: Mierswa (Hänigsen)
Tore: 0:1 Laudrup (56.), 1:1 Criens (60., Elfmeter)
Zuschauer: 34.500

Bilanz der Saison
Mönchengladbach: Platz 13, 34:42 Punkte (10/14/14), 37:49 Tore.
Bayern München: Platz 10, 36:40 Punkte (13/10/15), 59:61 Tore

Saison 1992/93

3. Oktober 1992
Bayern - Borussia 2:2 (0:1)

Heynes Husarenstück

Tabellenführer Bayern gegen den Tabellenvorletzten Borussia - Fußball-Deutschland richtete sich einmal mehr auf die obligatorische Gladbacher Pleite im Olympiastadion ein. Zur Überraschung der Fachwelt aber holten die Gäste einen Punkt im oktoberfestgeschwängerten München. Wie sie dies zustandebrachten, sollte in die Annalen der Bundesliga eingehen.

89 Minuten lang nämlich war es ein zwar sehr ansehnliches, aber keineswegs sensationelles Fußballspiel. Die Gladbacher, mit den Skandinaviern Mölby, Nielsen (beide Dänemark) und Dahlin (Schweden) verstärkt und ohne die verletzten Fach, Neun und Hochstätter angetreten, hatten entgegen den sonstigen Gelsdorfschen Gepflogenheiten ihr Heil in kontrollierter Offensive gesucht und durch Criens gar eine 1:0-Halbzeitführung vorgelegt. Die Bayern, mit Dortmunds Helmer, Leverkusens Jorginho, Wattenscheids Schupp, Karlsruhes Scholl und dem Heimkehrer Lothar Matthäus optimal verstärkt und auf unbedingten Meisterkurs getrimmt, glichen aus, weil Mölby durch einen Feldverweis die Gladbacher Farben geschwächt und Thon einen Handelfmeter sicher verwandelt hatte.

Man wartete im weiten Rund längst auf den Schlußpfiff, da überschlugen sich plötzlich die Ereignisse. Wie aus heiterem Himmel setzte in der 90. Minute Helmer einen Kopfball ins Gladbacher Tor - die Bayern schienen einen glücklichen Sieg eingefahren zu haben, die Gladbacher unglücklich um die Früchte einer ordentlichen Leistung gebracht worden zu sein. Doch der Unparteiische ließ noch einmal anstoßen - und

die Borussen errackerten sich einen allerletzten Eckball. Unter dem Raunen des Publikums tauchte dabei jemand im Bayern-Strafraum auf, den man dort nie vermutet hätte und Stunden zuvor nicht einmal kannte. Dirk Heyne, ehemaliger DDR-Nationaltorwart, absolvierte nach schwachen Kamps-Leistungen sein erstes Spiel für die Borussia und sollte sich gleich beim Debüt unsterblich machen. Die Kastenmaier-Ecke nämlich segelte genau vor die Füße des stürmenden Torwarts, der nahm das Leder volley aus der Luft, drosch es an den Bayern-Pfosten - und der Sekunden zuvor eingewechselte Martin Max bugsierte den Abpraller zum 2:2 über die Linie. Dirk Heyne, ohne dessen spektakuläre Aktion der Punktgewinn nie möglich gewesen wäre, drehte erleichtert, beglückt, völlig aus dem Häuschen eine Ehrenrunde und avancierte zum zukünftigen Liebling der Fans. Der Verein dankt dem inzwischen zum Sportinvaliden erklärten Keeper seinen Offensivdrang noch heute - Dirk Heyne ist seit der Saison 1994/95 Torwarttrainer der Borussia.

Torwart Dirk Heyne leitete mit einem Volleyschuß den 2:2-Ausgleich für die Borussia ein.

Teams:

Bayern: Aumann, Thon, Kreuzer, Reinhardt (46. Scholl), Sternkopf (80. Cerny), Matthäus, Wouters, Schupp, Helmer, Labbadia, Wohlfarth. Trainer: Ribbeck.
Borussia: Heyne, Schulz, Klinkert, Eichin, Kastenmaier, Mölby, Pflipsen (76. Peter Nielsen), Martin Schneider, Steffen (90. Max), Dahlin, Criens. Trainer: Gelsdorf.
Schiedsrichter: Gläser (Breitungen)
Tore: 0:1 Criens (26.), 1:1 Thon (52., Elfmeter), 2:1 Helmer (90.), 2:2 Max (90.)
Zuschauer: 64.000

Ein Gladbacher Ex-Bayer und ein Münchner Ex-Borusse im direkten Duell: Thomas Kastenmaier (links) und Lothar Matthäus.

Saison 1992/93

Dahlins Doppelschlag

Als zur Pause am Bökelberg über den Sieger der Partie und über den kommenden deutschen Meister gefachsimpelt wurde, fiel das Urteil einstimmig aus: Beides konnte nur der FC Bayern sein. Was die Truppe von Trainer Ribbeck in 45 Minuten am Bökelberg abgeliefert hatte, verdiente das Prädikat Sonderklasse. Ein überzeugender Libero Thon, ein dynamischer Antreiber Matthäus, ein sensationeller Dauerläufer Ziege, ein überragender Wirbler Scholl, ein gefährlicher Wühler Labbadia - auf jeder Position waren die Münchner besser besetzt als die Borussen. Völlig verdient daher und eher ein wenig zu niedrig das 2:0 der Gäste: Zieges frühe Führung und das erste Bayern-Tor des Mehmet Scholl waren in Entstehung und Vollendung Treffer der Güteklasse 1A.

Doch die Faszination des Fußballspiels wurde nach dem Wechsel offenkundig: Die Gladbacher, die vor der Pause die Überlegenheit und Brillanz der Bayern neidlos hatten anerkennen müssen, kamen wie verwandelt aus der Kabine, bogen das verloren geglaubte Spiel noch um und hätten, wäre die Latte bei einem Pflipsen-Kopfball nicht im Wege gewesen, gar noch als 3:2-Sieger den Platz verlassen können. Trainer Bernd Krauss, der im November angesichts höchster Abstiegsnöte Jürgen Gelsdorf beerbt hatte und vom Assistenten zum Chefcoach befördert worden war, geriet aus dem Häuschen: Seine Mannschaft, im Winter mit einem Bein bereits in der Zweiten Liga, hatte sich nach einer imponierenden Erfolgsserie in UEFA-Cup-Nähe emporgerappelt. Ein Verdienst nicht zuletzt des neuen Stürmerstars - Martin Dahlin, unter Gelsdorf lange nur Reserve, hatte sich zu einem Topstürmer der Liga gemausert. Beide Treffer gegen die Bayern gingen denn auch auf sein Konto - jeweils per Kopf beförderte der dunkelhäutige Schwede eine Neun-Ecke direkt nach dem Wechsel und eine Salou-Flanke in die Maschen der Münchner.

Vom Bökelberg-Schock erholten sich die bis dato so glänzend auftrumpfenden Bayern komischerweise nicht mehr so richtig: Im Finale der Saison verloren sie den lange sicher geglaubten Meistertitel doch noch an den SV Werder Bremen.

Borussia: Heyne, Hochstätter, Klinkert, Eichin, Kastenmaier, Martin Schneider, Pflipsen, Wynhoff (80. Peter Nielsen), Neun, Max (46. Salou), Dahlin. Trainer: Krauss.

Bayern: Aumann, Thon, Helmer, Münch, Jorginho, Matthäus, Wouters, Schupp, Ziege (72. Cerny), Scholl (85. Sternkopf), Labbadia. Trainer: Ribbeck.

Schiedsrichter: Strampe (Handorf)

Tore: 0:1 Ziege (12.), 0:2 Scholl (25.), 1:2 Dahlin (46.), 2:2 Dahlin (71.)

Zuschauer: 34.500

Ein Tänzchen in Ehren kann niemand verwehren: Bachirou Salou (links) und Martin Dahlin tanzen nach dem 2:2-Ausgleich Ringelreihen.

Saison 1993/94

Matthäus im Mittelpunkt

Mit ein wenig hängenden Köpfen schlichen die Bayern nach dem Spiel gegen die Borussen in die Kabine. Zwar hatten sie als Tabellendritter die Gäste standesgemäß 3:1 besiegt - doch die bessere Mannschaft waren sie nicht. Selten zuvor hatten die Gladbacher in den vergangenen Jahren derart stark im Olympiastadion aufgetrumpft. Ein Lob, für das die Jungs von Trainer Krauss sich indes nichts kaufen konnten. Karlheinz Pflipsen: "Was nützt uns die ganze Schönspielerei, wenn wir unterm Strich leer ausgehen?"

Während die Borussia im Vergleich zur Vorsaison unverändert ins Stadion einlief, hatte sich bei den betuchten Bayern einmal mehr Gewaltiges getan. Den Angriff durchschlagskräftiger zu machen, hatte Manager Uli Hoeneß Lauterns Marcel Witeczek, Dresdens Riesentalent Alexander Zickler und Kolumbiens Sturm-As Adolfo Valencia verpflichtet. Die Abwehr zu stabilisieren, hatte sich Trainer Ribbeck zudem zu einer Helmer-unfreundlichen Variante entschlossen: Lothar Matthäus wurde aus dem Mittelfeld auf den Libero-Posten zurückbeordert.

Der Rekord-Nationalspieler hatte vor dem Spiel für gehörigen Wirbel gesorgt - einem niederländischen Touristen gegenüber soll er, so schrieb ein Nachrichtenmagazin, das Wort "Arschloch" und die Hetzparole "Dich hat wohl der Adolf beim Vergasen vergessen" verwendet haben. Ob's Dichtung oder Wahrheit war, kümmerte Matthäus wenig. Gegen seinen Ex-Club besorgte er schon nach drei Minuten die frühe Führung - Klinkert hatte Schupp im Strafraum unnötig umgesäbelt. Auch das zweite Tor

Auf Biegen und Brechen: Gladbachs Hochstätter und Bayerns Ziege.

schenkten die Borussen ihren Gegnern: Unbedrängt köpfte Martin Schneider einen Ball ins eigene Tor - weil er, wie er nach dem 500. Eigentor der Bundesligageschichte zugab, "da noch Uwe Kamps vermutete". Als Nerlinger mit dem Pausenpfiff gar das dritte Tor markierte, war für die Gäste der Kuchen einmal mehr gegessen. Sie spielten zwar auch nach dem Wechsel kombinationssicher, temporeich, ansehnlich, druckvoll und spürbar besser als die Bayern - doch mehr als das Ehrentor sollte ihnen nicht gelingen.

TEAMS:

Bayern: Aumann, Matthäus, Kreuzer, Helmer, Jorginho, Schupp, Wouters, Nerlinger, Ziege (82. Zickler), Witeczek, Scholl (62. Valencia). Trainer: Ribbeck.
Borussia: Kamps, Hochstätter, Martin Schneider (46. Eichin), Klinkert, Kastenmaier, Fach, Pflipsen, Wynhoff (68. Criens), Neun, Salou, Dahlin. Trainer: Krauss.
Schiedsrichter: Gläser (Breitungen)
Tore: 1:0 Matthäus (3., Elfmeter), 2:0 Schneider (40., Eigentor), 3:0 Nerlinger (45.), 3:1 Pflipsen (51.)
Zuschauer: 55.000

Demütigung kurz vor Schluß

Nachdem Erich Ribbeck die hochgeschraubten Erwartungen der Bayern nicht ganz erfüllen und die Herbstmeisterschaft nicht nach München holen konnte, saß der Gustav Gans des deutschen Fußballs nach Wochen des Sich-Zierens endgültig auf der Trainerbank. Und seit dieser Franz Beckenbauer nicht nur als graue Eminenz, sondern als Cheftrainer das Sagen hatte, lief es bei den Bayern prächtig. Bis zu diesem Abend am Gladbacher Bökelberg. Das Spiel schienen die Bayern mit dem erwünschten 0:0 über die Zeit gerettet zu haben - da machte ihnen ein Joker einen Strich durch die Rechnung. Der aus Leverkusen verpflichtete Nachwuchsstürmer Heiko Herrlich machte - welch eine Demütigung! - in der 89. und 90. Minute aus einem torlosen Unentschieden einen 2:0-Sieg der Gladbacher, aus dem bis dahin relativ ruhigen Stadion ein Tollhaus.

"Wenn Du nur sechs, sieben vollwertige Leute auf dem Platz hast, ist es schwierig zu gewinnen", maulte der "Kaiser" nach dem Schlußpfiff. Unterstützung fand er bei Torwart Raimond Aumann: "Wenn man gewinnen will, muß man auch etwas dafür tun." Und auch Lothar Matthäus war fuchsteufelswild: "Normalerweise bin ich stolz darauf, Kapitän dieser Mannschaft zu sein. Aber heute..."

Stolz hatte er das gesamte Spiel über nicht sein können, aber zumindest zufrieden. Ein relativ planloses Gekicke von beiden Seiten hatten die Gäste auch ohne den gesperrten Vorstopper Kreuzer schadlos über die Runden gebracht. Vor-

ne ging bei ihnen nicht viel zusammen, aber hinten hielt man gegen die zu ungenau, zu überhastet spielenden Gladbacher problemlos dicht. Bis Krauss auf die durch Kreuzers Fehlen offenkundig gewordene Kopfballschwäche der Bayern-Deckung reagierte und die langen Fach und

Kein Durchkommen für Bayerns Dieter Frey - Patrik Andersson, beäugt von Peter Wynhoff, ist einen Tick schneller.

Herrlich für die kleingewachsenen Max und Pflipsen brachte. Prompt wackelte die Abwehr, wenn die Kastenmaier- und Neun-Flanken vors Gehäuse segelten - aber sie fiel nicht. Bis zu jener 89. Minute, die den Bökelberg in einen Freudentaumel stürzte...

Nach Herrlichs Kopfball und Herrlichs Lupfer stand ganz Mönchengladbach Kopf - nur Ersatzlibero Martin Schneider blieb irgendwie auf dem Boden der Tatsachen. "Für einen UEFA-Cup-Platz", dämpfte er ganz richtig die aufkeimende Euphorie, "sind wir jetzt ein bißchen spät dran."

Borussia: Kamps, Martin Schneider, Stadler, Peter Nielsen, Patrik Andersson, Kastenmaier, Pflipsen (75. Fach), Wynhoff, Neun, Max (63. Herrlich), Dahlin.
Trainer: Krauss.
Bayern: Aumann, Matthäus, Helmer, Schupp, Frey, Jorginho, Thon (64. Hamann), Ziege, Sternkopf, Scholl (89. Labbadia), Valencia. Trainer: Beckenbauer.
Schiedsrichter: Heynemann (Magdeburg)
Tore: 1:0 Herrlich (89.), 2:0 Herrlich (90.)
Zuschauer: 34.500

Saison 1994/95

Ein Stinkefinger kehrt zurück

Auch im 30. Gastspiel in München gab es für die Gladbacher keinen Blumentopf zu gewinnen. Ein deprimierender Minusrekord: Seit 1965 hatte die Borussia bei den Bayern nicht ein einziges Mal gewinnen können und magere 7:53 Punkte auf dem Konto.

Hatten sich die Gäste ein Jahr zuvor trotz der Niederlage noch als bessere Mannschaft präsentiert, so waren sie den Bajuwaren diesmal in allen Belangen unterlegen. Die neu eingeführte Viererkette funktionierte überhaupt nicht, die verletzten Leistungsträger Dahlin und Pflipsen konnten zu keiner Zeit ersetzt werden, und der nach der Stinkefinger-WM zum nationalen Buhmann erklärte Stefan Effenberg vermochte, von Florenz nach Mönchengladbach zurückgekehrt, keine Akzente zu setzen.

Anders die Bayern. Nachdem Beckenbauer, wie schon beim WM-Titel 1990, auf dem Gipfel des Ruhms zurückgetreten war und es sich fortan als golfspielender Präsident mit diversen TV-Allüren gut gehen ließ, hatte Uli Hoeneß Italiens Meistermacher Giovanni Trapattoni als neuen Trainer verpflichten können. Der konnte in der neuen Spielzeit zwar nicht mehr auf die ausgemusterten Aumann, Labbadia, Thon und Münch zurückgreifen, dafür aber auf neue Spitzenkräfte wie Alain Sutter, Markus Babbel, Jean-Pierre Papin und Oliver Kahn.

Der einstige KSC-Keeper verlebte einen geruhsamen Nachmittag. Die Gladbacher Stürmer lagen fest an der Kette, und die bayrische Offensivreihe verlegte 75 Prozent der Spielanteile in die Gladbacher Hälfte. Die Tore fielen denn auch zwangsläufig nach Standardsituationen-

und die Gladbacher gleich zu Beginn der mit so vielen Hoffnungen besetzten Saison in tiefe Depression. Nach dem fast schon chronischen Fehlstart mit 2:4 Punkten stand man nach drei Spieltagen schon wieder unten drin...

Bayern: Kahn, Matthäus, Kreuzer, Helmer, Jorginho, Schupp, Scholl (77. Hamann), Nerlinger, Ziege, Valencia (59. Witeczek), Sutter. Trainer: Trapattoni.
Borussia: Kamps, Fach, Patrik Andersson, Klinkert, Neun, Kastenmaier (46. Hoersen), Effenberg, Hochstätter, Wynhoff, Herrlich, Salou (46. Max). Trainer: Krauss.
Schiedsrichter: Strampe (Handorf)
Tore: 1:0 Kreuzer (22.), 2:0 Nerlinger (33.), 3:0 Matthäus (84.)
Zuschauer: 57.000

Saison 1994/95

Bange machen galt nicht

Mächtig war der nur wenig germanophile Giovanni Trapattoni des Deutschen zwar noch nicht. Doch das 2:2 seiner Bayern beim alten Rivalen kommentierte der zum Saisonende scheidende Coach dialektfrei und pointiert zugleich. Formvollendet wie Vogts, markant wie Möller, knapp wie Kohler lobte er seine Jungs mit der Lieblings-Vokabel der Fußballer-Zunft: "Super!"

Große Chancen auf einen Punktgewinn hatten die Experten seinem kickenden Kindergarten vor dem Anpfiff am Bökelberg eigentlich nicht eingeräumt - Matthäus, Kahn, Papin mußten verletzungsbedingt draußen bleiben. Doch die fanatisierten 34.000 konnten noch so lautstark den üblichen Lederhosen-Striptease fordern, die geschmeidigen Gladbacher noch so vehement gen Helmers Bollwerk rennen: Bange machen ließ sich der Meister nicht so recht.

Allenfalls Schiedsrichter Fröhlich bereitete den abgeklärten Bajuwaren phasenweise Kopfzerbrechen. Wetten nämlich, ob der Referee abseits pfiff oder weiterspielen ließ, ob er Stürze als Foul oder Schwalbe ahndete, wären nicht angeraten gewesen. Der Mann in Schwarz, der kurz vor dem Ende ein Strafraum-Foul Kreuzers am allzu fallsüchtigen Dahlin großzügig übersah und die Gastgeber somit um die Großchance zum 3:2 brachte, pfiff so, wie Bayern-Keeper Sven Scheuer hielt: ausgesprochen unorthodox.

Der langmähnige Kahn-Vertreter, der als "Born to be wild"-Typ eher hinters Lenkrad eines Motorrads denn zwischen die Pfosten eines Fußballtores paßt, pflegte die schärfsten Gladbacher Geschosse nämlich per Fußabwehr zu parie-

ren: Herrlichs Fünf-Meter-Abpraller, Anderssons Distanzschuß, Wynhoffs Dreher wurden samt und sonders die Beute seiner Beine. Allein bei Herrlichs zwölftem Saisontor zur 2:1-Führung war der tollkühne Torwart machtlos: Den kraftvollen Kopfstoß des Gladbacher Goalgetters hätte Scheuer nicht mal per Fallrückzieher aus dem Winkel holen können.

Die Mönchengladbacher Fans, die in Ermangelung des von ihnen "Judas" geheißenen Ex-Borussen Lothar Matthäus mal Manager Hoeneß, mal Bayern-Kapitän Helmer zu neuen Feindbildern erkoren, feierten schon den vermeintlichen Sieg - da schlug das Bayern-Imperium zurück. Als der Sturm allenfalls noch ein Lüftchen, der im Winter verpflichtete bulgarische Star Emil Kostadinov ob müder Beine längst ausgewechselt und die Borussia nach Hamanns Verletzung in personeller Überzahl war, gelang den cleveren Münchnern der neuerliche Ausgleich. Ziege erzielte ihn mit seinem siebten Saisontor - ein Grund mehr für die entnervten Borussen-Anhänger, dem Nationalspieler in Sprechchören einen Platz im Zoo anzuempfehlen.

Dabei war ihre Aufregung unbegründet. Die Bayern hatten sich das 2:2 am Niederrhein redlich verdient. Und auch die Borussen waren nach dem 60. Bundesliga-Duell gegen den notorischen "Erzfeind" letztlich mit dem einen Punkt zufrieden. Die gute Position im Kampf um die UEFA-Cup-Plätze nämlich blieb gewahrt und die Erfolgsserie gegen die Bayern bestehen: Die einstigen Bökelberg-Stürmer aus München hatten in Gladbach nunmehr acht Jahre nicht mehr gewonnen.

Turm in der Schlacht: Kahn-Ersatz Sven Scheuer ist auf dem Bökelberg bester Bayern-Spieler.

TEAMS:

Borussia: Kamps, Kastenmaier, Klinkert, Patrik Andersson, Hirsch, Hochstätter, Peter Nielsen (69. Max) ,Effenberg, Wynhoff (75. Martin Schneider), Dahlin, Herrlich. Trainer: Krauss.

Bayern: Scheuer, Helmer, Babbel, Kreuzer, Frey, Hamann, Nerlinger, Ziege, Scholl, Kostadinov (50. Sternkopf) , Witeczek (70. Zickler). Trainer: Trapattoni.

Schiedsrichter: Fröhlich (Berlin)

Tore: 1:0 Dahlin (38.), 1:1 Kostadinov (42.), 2:1 Herrlich (69.), 2:2 Ziege (80.)

Zuschauer: 34.500

Bilanz der Saison
Mönchengladbach: Platz: 5, 43:25 Punkte (17/9/8), 66:41 Tore
Bayern München: Platz: 6, 43:25 Punkte (15/13/6), 55:41 Tore

Saison 1995/96

**14. Oktober 1995
Bayern - Borussia 1:2 (0:1)**

Das allererste Mal

Gehofft hatte man in Mönchengladbach seit 30 Jahren, gehofft auf einen Sieg in München. Ob in der alten Arena oder im Olympiastadion - bayrischer Boden war für die Borussen stets wie verhext gewesen. Und nichts deutete darauf hin, daß sich ausgerechnet im 31. Versuch an der verflixten und verteufelt schwarzen Serie etwas ändern sollte.

Die Bayern nämlich hatten sich, in der abgelaufenen Serie hinter der Borussia nur Tabellensechste geworden und allein durch Gladbachs Pokalsieg noch in den UEFA-Cup gerutscht, mit sieben Siegen und nur einer Niederlage souverän an der Tabellenspitze festgesetzt. Kein Wunder bei dem Personal:

Mit Ciriaco Sforza (Kaiserslautern), Andreas Herzog (Bremen), Thomas Strunz (Stuttgart) und Jürgen Klinsmann (Tottenham) hatte der Renommierclub von der Isar das illusterste und teuerste Personal der Vereinsgeschichte zusammengekauft. Und ihnen mit Otto Rehhagel einen Trainer vor die Nase gesetzt, der nach seinen Dauererfolgen in Bremen die Meisterschaft regelrecht garantieren sollte. Bei Gladbach sah es wie immer - etwas anders aus. Erstens hatte der Club, der Monate zuvor mit dem Deutschen Pokal den ersten Titel nach 16 erfolglosen Jahren geholt hatte, Torschützenkönig Heiko Herrlich nach unschönem Hickhack an Borussia Dortmund verloren. Zweitens hatte er keinen adäquaten Ersatz für den Goalgetter finden können und sich mit Rückkehrer Frontzeck und dem Ex-Bajuwaren Michael Sternkopf als Neuzugängen gen Borussia bescheiden müssen. Drittens hockte der Verein, eingekeilt zwischen Schalke und Stutt-

gart, im trüben Liga-Mittelfeld auf Platz 7. Und viertens fielen ausgerechnet vor der Prestige-Partie beim FC Bayern Schlüsselspieler aus - erst meldete sich der holländische Neuling Huiberts einsatzunfähig, dann der Däne Nielsen, anschließend Hochstätter und zu allem Unglück auch noch Mittelstürmer Dahlin.

Ohne den Schweden, der nach Herrlichs unglaublichem Abgang stolze sechs Tore in acht Spielen fabriziert hatte, schienen Gladbachs Torgefährlichkeit und damit zugleich die Siegchancen gleich Null. Allein Michael Sternkopf sah die Sache anders. "Wir gewinnen", hatte der wuselige Flitzer vor der Begegnung gegen seinen alten und nicht sonderlich gut gelittenen Arbeitgeber allen Hiobsbotschaften zum Trotz verkündet, "und ich schieße das Siegtor." Sein Kapitän und Kumpan Effenberg hörte derartiges Selbstbewußtsein gern - und versprach, sollte der "Sterni" gerufene Ex-Karlsruher recht behalten, 50 Liegestütze nach Spielschluß.

Derweil die Bayern auch ohne den langzeitverletzten Ex-Borussen Lothar Matthäus insgeheim auf das Gesetz der Serie, auf die Schwächen der Gäste und die eigene Stärke setzten, machte sich am Niederrhein klammheimlich sowas wie trutziger Siegeswille breit. Rolf Rüssmann und Bernd Krauss unterfütterten diese Stimmung mit zwei echten Überraschungen. Der Manager beschied, auf der Suche nach einem guten Omen, entgegen allen Gepflogenheiten erst am

Alter Schwung in neuen Trikots: Neu-Gladbacher Michael Sternkopf spielt seinen alten Kameraden Babbel schwindelig.

Spieltag anzureisen: "In den Jahren zuvor hatten wir, um endlich mal erfolgreich zu sein, ständig die Hotels gewechselt. In München hatten wir, glaube ich, am Ende alle durch." Und der Trainer präsentierte im Moment größter Personalnot die überraschendste Sturmspitze aller Zeiten: Stefan Effenberg.

Als der nach 20 Minuten erstmals gen Kahns Gehäuse trabte, hatten die Bayern bereits Powerplay pur hinter sich. Das bayrische Starensemble hatte die Gladbacher Verlegenheitstruppe ohne

Gnade eingeschnürt, Angriff auf Angriff in Richtung Kamps getragen, die Kopfball-Ungeheuer Babbel, Helmer und natürlich Klinsmann mit Flanken ohne Ende gefüttert. Nur - ein Tor hatten sie trotz aller Bemühungen nicht zustande gebracht. Die Borussen machten's in besagter 20. Minute besser. Ein langer Frontzeck-Ball, ein Kopfball-Zuspiel Effes, ein langer Sprint Sternkopfs, ein satter Rechtsschuß des Kapitäns zum Abschluß - der erste Angriff der Gäste, der erste Schuß des Zwangs-Mittelstürmers hatten das glückliche und schmeichelhafte 1:0 gebracht.

Doch je verzweifelter die ohne den gesperrten Ziege angetretenen Bayern in der Folge anrannten, desto besser bekamen die urplötzlich mutigen Mönche das Spiel in den Griff. Andersson und Klinkert verloren auch nach der Einwechslung der zusätzlichen Stürmer Papin und Witeczek nicht die Übersicht, Schneider spielte als Imitat eines äthiopischen Laufwunders einen akzeptablen Hochstätter-Ersatz, Wynhoff und Pflipsen wieselten, Sternkopf zeigte den Bayern in beeindruckender Manier, warum sie ihn nie hätten gehen lassen dürfen. Und "Effe" schließlich überragte alle: Spielgestalter, Ideengeber, kämpferisches Vorbild und Vollstrecker in einem, beschämte der "Tiger" an jenem Oktobersamstag Berti Vogts aufs tiefste. Auf so einen wie den, raunte man sich zu auf den Rängen, dürfe der noch immer ob des WM-Mittelfingers erboste Bundestrainer doch gar nicht verzichten...

Die Leistung des blonden Bengels wurde anschließend als "Weltklasse" gerühmt - und die seiner Mannschaft als clever beklatscht. Kastenmaier, Sternkopf und Effenberg höchstselbst mit einem hübschen Heber hätten den nach dem Wechsel hoffnungslos unterlege-

nen Münchnern schon vorzeitig den Todesstoß versetzen und sie regelrecht beschämen können. Doch - welch eine Demütigung - die Bayern taten genau dies selbst. Wynhoffs Zuspiel hätte Sternkopf erreichen sollen, fand aber den in vollem Lauf befindlichen Andreas Herzog - gegen seinen Abpraller ins eigene Tor hatte Keeper Kahn keine Chance. Die Bayern waren am Boden, die Borussen obenauf - auch Papins Kopfballtor in der Schlußminute wußte am Kräfteverhältnis nichts mehr zu ändern.

1:2 gegen die Gladbacher - in München wurde anschließend gemosert und gemault, was das

Auch wenn er das Kopfballduell gegen Hamann verliert - am Ende ist Michael Frontzeck obenauf.

Zeug hielt. "So ist es, wenn man die ganze Woche Querelen in der Mannschaft hat und nicht jeder für jeden kämpft", schimpfte Oliver Kahn nach der zweiten Bayern-Niederlage in Folge und über die Eskapaden, die sich unzufriedene Kollegen wie Papin oder Scholl unter der Woche geleistet hatten. Auch Andreas Herzog haderte mit dem Schicksal - nahezu in jedem vorherigen Match hatte ihn Rehhagel vorzeitig runtergenommen, nun durfte er bis zum Ende mittun und die Partie zum Leidwesen seiner Mitspieler endgültig entscheiden. Und Andreas Helmer, sichtlich erbost über die erste Heimpleite gegen die Gladbacher seit dem gemeinsamen Bundesligaaufstieg 1965, drohte gar damit, die Kapitänsbinde hinzuschmeißen: "Das brauche ich nicht mehr, daß immer dagegengeredet wird, wenn ich etwas sage."

Im Gladbacher Lager hingegen herrschte nach dem überraschenden Coup und der Beendigung der wohl schwärzesten Serie der Bundesligageschichte verspätete Oktoberfeststimmung. "Ein außergewöhnlicher Tag", freute sich, sichtlich berührt, Präsident Drygalsky. Bernd Krauss hüpfte seinem Physiotherapeuten Wolfgang Stiels in die weit ausgebreiteten Arme. Sterni tanzte ausgelassen vor den Bayern-Fans, die ihn Monate zuvor noch zum Teufel gewünscht hatten. Und Effenberg, der Held dieses Nachmittags, gab - nicht ohne augenzwinkernde Erinnerungen an seine eigene Zeit an der Isar - sichtlich erleichtert zu Protokoll: "Siege gegen die Bayern sind besonders schön".

Die Wette mit Sternkopf hatte Effe übrigens nicht vergessen. Derweil die Bayern-Kicker längst auf dem Weg nach Hause und etliche seiner Mit-

Es ist vollbracht: Effenberg (oben) und Sternkopf freuen sich über den ersten Gladbacher Sieg in München seit der Bundesligagründung

spieler darum bemüht waren, die von den Bayern als Dankeschön für den Gladbacher Pokalsieg und die damit verbundene Münchner UEFA-Cup-Qualifikation bereitgestellten Vorräte an Weißwürsten und Weißbier zu vertilgen, machten der Kapitän und ein paar seiner Mannen noch Überstunden. Zwar hatte Sternkopf nicht das entscheidende Tor geschossen, doch die Borussia, wie vorausgesagt, gewonnen - also bedankte sich Effenberg vor Tausenden jubelnder und frenetisch feiernder Borussenfans im ansonsten leeren und bereits düsteren Olympiastadion mit den versprochenen 50 Liegestützen...

TEAMS:

Bayern: Kahn, Strunz, Babbel, Helmer, Zickler (46. Papin), Hamann (73. Witeczek), Scholl, Sforza, Herzog, Nerlinger, Klinsmann. Trainer: Rehhagel.
Borussia: Kamps, Kastenmaier, Klinkert, Patrik Andersson, Neun, Schneider, Wynhoff (82. Stadler), Pflipsen (69. Hoersen), Frontzeck (87. Wolf), Sternkopf, Effenberg. Trainer: Krauss.
Schiedsrichter: Heynemann (Magdeburg)
Tore: 0:1 Effenberg (20.), 0:2 Eigentor Herzog (82.), 1:2 Papin (89.)
Zuschauer: 63.000

Stefan Effenberg: Na, wie war ich? War ich gut?

DFB-Pokal 1983/84

Der tragische Moment des Lothar Matthäus

Jahrelang hatte das deutsche Fußballvolk Pokalendspiele wie Frankfurt gegen Duisburg, Düsseldorf gegen Hertha BSC oder Köln gegen Düsseldorf über sich ergehen lassen müssen. Jetzt, am 31. Mai 1984, sollte endlich Wirklichkeit werden, wovon die Fans quer durch die Republik seit eh und je geträumt hatten: Die alten Rivalen Bayern München und Borussia Mönchengladbach standen sich als Gegner im Finale gegenüber.

Es sollte, soviel stand schon vor dem Anpfiff fest, ein besonderes, ein nervenzerreißendes, ein denkwürdiges Pokalendspiel werden. Beide Teams hatten noch nie zuvor im seit 1935 ausgetragenen Pokalwettbewerb des Deutschen Fußball-Bundes gegeneinander antreten müssen. Beide Teams hatten sich in hochdramatischen, in hochklassigen, in unvergessenen Halbfinalspielen für diesen Show-down qualifiziert - die Bayern durch ein 6:6 nach Verlängerung und ein 3:2 im Wiederholungsspiel über den FC Schalke 04, die Borussen durch ein 5:4 nach Verlängerung über Werder Bremen. Und beide Teams hatten nach dem Spiel die Abgänge ihrer prominentesten und besten Kicker zu verkraften.

Karl-Heinz Rummenigge, seit seinem Karrierebeginn 1974 zweimal Meister, einmal Pokalsieger, dreimal Liga-Torschützenkönig, einmal Deutschlands Fußballer des Jahres, zweimal Europas Fußballer des Jahres, Europa- und Vize-Weltmeister geworden, ging nach zehn Jahren München für die Rekordablöse von 10,5 Millionen Mark ins Ausland. Inter Mailand hatte sich die Dienste des Bayern-Stars gesichert und damit den Zorn des Münchner Publikums provoziert.

Noch mal gutgegangen: Gladbachs Sude rettet vor Kalle Rummenigge. Hannes und Herlovsen sehen es mit Wohlgefallen.

"Ich habe gemerkt, daß die Zuschauer mich kritischer beurteilen", blieb Rummenigge, der bekanntlich als Teenager fast in Gladbach gelandet wäre, ein Stimmungswechsel nicht verborgen. Gelegenheit zu Pfiffen und Haßtiraden wollte er seinen einstigen Verehrern indes nicht geben: "Ich hänge mich, seit mein Wechsel feststeht, nochmal richtig rein. Ich will den FC Bayern mit einem Titel verlassen."

Ähnlich äußerte sich der zweite Wechsler vor diesem großen Spiel. "Nach fünf Jahren ein Titel mit der Borussia", meinte Lothar Matthäus, "das wäre doch ein schöner Abschied". Ein Abschied, den ihm die Fans nie verziehen haben: Der Herzogenauracher, am Bökelberg Nationalspieler und schon in jungen Jahren Motor und Seele des Borussenspiels geworden, wechselte schließlich nicht nach Mailand, Marseille oder Manchester, sondern nach - München. Mit Matthäus, der mit 2,27 Millionen Mark Ablöse einen neuen Transferrekord innerhalb der Bundesliga aufstellen sollte, lockte der FC Bayern nach Calle DelHaye Jahre zuvor den zweiten Gladbacher an die Isar. Manager Hoeneß wurde mit der Aktion zum Buhmann der Liga - sein Gladbacher Pendant Grashoff hatte Matthäus schließlich auf die beim DFB hinterlegte Schutzliste setzen lassen: Jeder Club hatte auf dieser zwei Spieler vermerken dürfen, "auf deren Weiterverpflichtung sie aus Gründen der Sicherung ihrer sportlichen Leistungsfähigkeit besonderen Wert legen mußten" (Grashoff). Matthäus sollte also in seinem letzten Spiel für seinen alten Club ausgerechnet gegen seinen neuen Arbeitgeber spielen. Gewissenskonflikte verspüre er nicht, sagte er vor der Begegnung: "Schon um in der neuen Saison den Druck von mir zu nehmen, bin ich daran interessiert, daß Borussia den Pokal holt - abgesehen von allem anderen." Nur vor einem Elfmeterschießen, das aufgrund der Leistungsstärke beider Mannschaften in den Köpfen der Spieler herumgeisterte, hatte der scheidende Star ein wenig Bammel. "Da wäre es mir lieber", gestand Lothar Matthäus wenige Tage vor dem Spiel der Spiele, "wenn der Trainer

Rechts: Fataler Fehlschuß: Noch-Borusse Matthäus drischt den Elfmeter statt in Pfaffs Kasten in die Wolken.

Links: Tränen lügen nicht? Der verschossene Elfmeter des Lothar Matthäus bringt Gladbach auf die Verliererstraße.

DFB-Pokal 1983/84

Dann aber, als sechster, wo es auf jeden Treffer ankommt, würde ich als erster schießen."

Auf eine solch dramatische Entscheidung wollten sich die Akteure indes nicht verlassen. Vor allem die Bayern, in der Liga mit einem Punkt Rückstand hinter den Borussen Vierter geworden, machten enorme Anstalten, sich die ausgelobten 20.000 Mark Siegprämie pro Kopf in der regulären Spielzeit zu verdienen. Michael Rummenigge, Wolfgang Kraus, Karl-Heinz Rummenigge nahmen das Borussen-Tor unter Dauerbeschuß. Doch Gladbachs Keeper Uli Sude, ansonsten oft geschmäht, absolvierte das Spiel seines Lebens, fischte auch die unhaltbarsten Bälle mit den Fingerspitzen noch aus dem Winkel. Seine Abwehrspieler kamen kaum zum

Kampf um den Pokal: Kalle Rummenigge und Uli Borowka.

Luftholen, seine Angriffskollegen kaum ins Spiel. Bis sie in der 31. Minute für einen überraschenden Paukenschlag sorgten. Die erste Gladbacher Ecke, von Matthäus hereingegeben, verwandelte Frank Mill mit wuchtigem Kopfstoß zur 1:0-Führung. Das Spiel war auf den Kopf gestellt, Bayern-Coach Lattek sauer auf seine Elf und überrascht von seinen ehemaligen Schützlingen, die Borussen plötzlich hellwach. Die Viertelstunde vor der Pause wirbelten sie die angeschlagenen Münchner gehörig durcheinander, doch Frontzeck traf nur das Außennetz und Mill scheiterte, völlig frei vor Pfaff, an seinen Nerven.

Die zweiten 45 Minuten verliefen so wie die ersten 30: Permanent gings in Richtung Sude.

Lattek hatte, wollte er seiner imponierenden Titelsammlung eine weitere Trophäe hinzufügen, auf bedingungslose Offensive gesetzt und für die eher defensiven Dürnberger und Kraus die Stürmer Mathy und Dieter Hoeneß gebracht. Zu nutzen schien der Wechsel indes nicht: Grobe, Lerby, Hoeneß oder die Rummenigge-Brothers brachten die Kugel einfach nicht an diesem Teufelskerl Sude vorbei. Doch die mit zunehmender Spieldauer immer offensichtlichere Taktik der Borussen, den dünnen und glücklichen Vorsprung mit Mann und Maus irgendwie über die Zeit zu retten, rächte sich. Sieben Minuten vor dem Ende war Wolfgang Dremmler, bis dato schwächster Münchner, Nutznießer einer unübersichtlichen Situation, bei der erst Hoeneß Kalle

Rummenigge und dann Mathy den Pfosten angeschossen hatte. Dremmlers Abstauber sauste an etlichen Freundes- und noch mehr Feindesbeinen vorbei zum 1:1 in Netz. Torwart Sude rettete die Gladbacher in der 90. Minute mit einer tollkühnen Parade nach Rummenigge-Chance in die Verlängerung, Ewald Lienen vertändelte eine Minute vor dem Ende dieser Extra-Zeit die Großchance auf den Gladbacher Sieg. Was keiner so recht wahrhaben wollte, wurde bittere Wirklichkeit: Erstmals in der Geschichte des DFB-Pokals mußte ein Endspiel im Elfmeterschießen entschieden werden.

Und es begann so, wie Lothar Matthäus es partout nicht haben wollte: Der Mann mußte für seinen alten Club gegen seinen künftigen Verein als allererster Elfmeterschütze ran. Ob er der Nervenanspannung nicht gewachsen war oder, an seine persönliche Zukunft denkend, das Leder mit Überlegung trat, sei einmal dahingestellt - Matthäus' Strafstoß jedenfalls verschwand, unkonzentriert übers Tor gedroschen, in der Abenddämmerung über dem Frankfurter Waldstadion. Doch Glück im Unglück für den Mann, der sich wie ein Häuflein Elend auf den Boden hockte und seinen Tränen freien Lauf ließ: Nach jeweils fünf Schützen stand es weiterhin 4:4 unentschieden, weil Keeper Sude den Elfmeter von Klaus Augenthaler pariert hatte. Der Krimi mußte weitergehen - und fand in Abwehrspieler Norbert Ringels seine nächste tragische Figur. Anstelle Frank Mills, der sich bei einer Hoeneß-Attacke eine Gehirnerschütterung zugezogen, sich "wie weggetreten" gefühlt und auf einen Elfmeter-Schuß notgedrungen verzichtet hatte, mußte der kantige Defensivler antreten - und traf nur den Pfosten des Bayern-Gehäuses. Münchens Mittelstürmer Dieter Hoeneß sollte nun den Bayern-Triumph gegen Sude perfekt machen - doch der "kleine Rummenigge" Michael klaute dem Manager-Bruder

Matthäus wurde für die Fohlen-Fans nach seinem fatalen Fehlschuß endgültig zum "Judas", Michael Rummenigge für seinen scheidenden Bruder Karl-Heinz zum Glücksbringer. "Kalle" konnte sich - er hatte es kaum noch für möglich gehalten - doch noch mit einem Titel aus Deutschland verabschieden.

Links: Münchner Idylle: Kalle, Udo und der Pott.

TEAMS:

Borussia: Sude, Borowka, Bruns, Hannes, Herlovsen, Matthäus, Rahn (69. Criens), Schäfer (77. Ringels), Frontzeck, Mill, Lienen. Trainer: Heynckes.

Bayern: Pfaff, Martin, Augenthaler, Grobe, Dremmler, Kraus (46. Mathy), Lerby, Nachtweih, Dürnberger (59. Dieter Hoeneß), Michael Rummenigge, Karl-Heinz Rummenigge. Trainer: Lattek.

Schiedsrichter: Roth (Salzgitter)

Tore: 1:0 Mill (33.), 1:1 Dremmler (83.)

Elfmeterschießen: Matthäus über das Tor, 1:2 Lerby, 2:2 Herlovsen, 2:3 Nachtweih, 3:3 Borowka, 3:4 Grobe, 4:4 Bruns, Augenthaler scheitert an Sude, 5:4 Hannes, 5:5 Karl-Heinz Rummenigge, 6:5 Criens, 6:6 Dremmler, 7:6 Frontzeck, 7:7 Martin, Ringels an den Pfosten, 7:8 Michael Rummenigge.

Zuschauer: 61.000

DFB-Pokal 1984/85

Der "Fall Hoeneß"

Der Riß zwischen den einst eher freundschaftlich verbundenen Clubs war nach dem Matthäus-Wechsel tief - und er sollte ein knappes Jahr später noch tiefer werden. Das Schicksal nämlich hatte es so gewollt, daß die beiden Mannschaften sich im DFB-Pokal schon wieder gegenüberstehen sollten. Im Halbfinale spielten sie in München aus, wer am Pfingstsamstag gegen Bayer Uerdingen um den "Pott" wetteifern würde.

Und die Gladbacher hatten offensichtlich aus den Fehlern des Vorjahres gelernt. Gegen die Bayern, nun mit "Judas" Lothar Matthäus in der Chefrolle, stellten sich nicht wieder hinten rein, sondern erspielten sich, technisch brillant und gefährlich konternd, im von ihnen so gefürchteten Olympiastadion hochkarätige Chancen. Aber der letztjährige Unglücksrabe Ringels, Criens, Rahn, Mill und Herlovsen verfehlten das Bayern-Gehäuse knapp oder scheiterten an Keeper Jean-Marie Pfaff, der sich laut "kicker" in "Weltklasseform" präsentierte: "Er war der Garant für das 0:0 zur Pause und überhaupt der große Rückhalt seiner Elf".

Die Bayern, bei denen Matthäus verletzungsbedingt keine große Rolle spielte, fanden gegen die starken Gladbacher kein Mittel - allein "Wiggerl" Kögl sorgte mit seinen Dribblings für Gefahr und für Akzente. Seine fürs Toreschießen zuständigen Kollegen Hoeneß und Wohlfarth

bekamen gegen die ohne den gesperrten Frontzeck angetretene Borussen-Deckung keinen Stich. "Die Bayern", meinte hinterher der 20jährige Schorsch Dreßen, der mit der Erfahrung von gerade einmal 18 Bundesligaspielen das bis dahin größte Spiel seiner Laufbahn absolviert hatte, "hätten in drei Stunden wohl nicht einmal das Tor getroffen."

An Dreßens Konjunktiv ist zu ersehen: Die Bayern trafen einmal das Tor - und diese entscheidende Szene erhitzte die Gemüter und vergiftete die Atmosphäre zwischen den Clubs, den Managern, den Spielern aufs Nachhaltigste. Die Borussen waren mit ihren mannigfaltigen Möglichkeiten allzu sorglos umgegangen und mußten nach überlegen geführten, allerdings torlos gebliebenen 90 Minuten abermals in die Verlängerung. 100 Minuten waren gespielt, da segelte eine Dremmler-Flanke in den Borussen-Strafraum und Dieter Hoeneß plötzlich zu Boden. Zur Überraschung von 22 Spielern, 52.000 Besuchern und Millionen Fernsehzuschauern pfiff Schiedsrichter Heitmann Elfmeter. Er hatte ein Foul des für den verletzten Libero Bruns eingewechselten Thomas Herbst an Bayerns Kopfball-Ungeheuer gesehen - "und stand damit", wie der "kicker" schrieb, "wohl ziemlich alleine". Hoeneß, laut Borussen-Zerberus Uli Sude "ein zwei Meter langer Tolpatsch", hatte seit seiner Einwechslung mehrmals Strafstöße provozieren wollen - spät wurde er für sein unentwegtes Bemühen belohnt.

Erneut ein Pokalelfmeter von Lothar Matthäus - diesmal für seinen neuen Club gegen seine alten Kameraden? Mitnichten: Der Neu-Bayer und Ex-Borusse war zur Verlängerung entkräftet aus dem Spiel genommen und durch Michael Rummenigge ersetzt worden. Der Däne Sören Lerby trat statt seiner an - cool drosch er das Leder zum unverdienten 1:0-Sieg der Münchner in die Maschen. Der "Fall Hoeneß" erregte noch während des Spiels und nach dem

Abpfiff die Gemüter. Die Borussen ergingen sich in endlosen Schiedsrichterbeschimpfungen - Gladbachs Trainer Heynckes sprach stinkesauer von "Betrug" und Frank Mill mit spürbarem Zynismus von einem unfairen Kampf: "Die Einwechslung von Herrn Heitmann hat uns aus dem Konzept gebracht. Mit 12 gegen 11 gewinnt sich's leicht". Bayern-Manager Uli Hoeneß und Borussen-Kicker Kai-Erik Herlovsen gerieten nicht nur verbal aneinander. Nur Lothar Matthäus gab sich - was Wunder nach dem Einzug ins Finale - merklich moderat und großzügig: "Die Gladbacher waren sehr stark und hätten ein Wiederholungsspiel verdient gehabt." Wochen später sollte sich Matthäus weniger locker aufführen: Seine Bayern verloren das Pokalfinale gegen den Außenseiter aus Uerdingen mit 1:2.

Bayern: Pfaff, Dremmler, Augenthaler, Eder, Willmer (46. Dieter Hoeneß), Matthäus (91. Michael Rummenigge), Nachtweih, Lerby, Pflügler, Wohlfarth, Kögl. Trainer: Lattek.
Borussia: Sude, Krauss, Bruns (94. Herbst), Ringels, Dreßen, Borowka, Herlovsen, Rahn, Lienen, Mill, Criens. Trainer: Heynckes.
Schiedsrichter: Heitmann (Drentwede)
Tore: 1:0 Lerby (100., Elfmeter)
Zuschauer: 52.000

Uli Sude klärt per Faustabwehr vor Dieter Hoeneß, der die entscheidende Rolle an diesem Abend spielte. Schorsch Dreßen beobachtet die Szene.

DFB-Pokal 1987/88

Verbissen kämpfen der Borusse Winkhold und Ludwig Kögl um den Ball.

Auf zum nächsten Gefecht

50 Jahre lang hatten sich ihre Pokalwege nicht gekreuzt - jetzt kam es binnen dreier Jahre zum dritten Duell der großen Rivalen. Zwar war der Wettbewerb diesmal noch nicht so weit fortgeschritten wie 1984 und 1985, als sich die Teams im Finale bzw. Halbfinale gegenüberstanden. Doch an Spannung, an Dramatik sollte es auch diesem Spiel in der 2. Hauptrunde nicht mangeln.

Allerdings an Klasse. Die Bayern, seit dieser Saison vom Ur-Gladbacher Jupp Heynckes trainiert, und die Borussen, jetzt vom ehemaligen Heynckes-Assistenten Wolf Werner gecoacht, boten den 34.000 erwartungsfrohen Zuschauern im Stadion und Millionen Fußballfreunden vor dem Fernseher einen ziemlich müden Kick. Der, sieht man von einer riesigen Rahn-Chance nach vier Minuten ab, die Gäste deutlich im Vorteil sah. Ex-Borusse Matthäus und sein Adlatus Andreas Brehme kontrollierten das Geschehen, sorgten mit Freistößen, Flanken, Pässen und Eckbällen gelegentlich für höchste Not im Borussenstrafraum. Einmal landete der Ball auch hinter Keeper Kamps im Netz - doch bei Dorfners Kopfball und Rummenigges Abschluß hatte Schiedsrichter Theobald eine Abseitsstellung erkannt.

Nach elf Minuten war es also noch einmal gutgegangen für die Gastgeber, nach 65 Minuten auch, als ein von Dreßen abgefälschter Kögl-Schuß nicht ins Tor trudelte, sondern an den Pfosten klatschte. Nach 72 Minuten hingegen war's vorbei mit der Gladbacher Glückssträhne - Michael Rummenigge setzte einen Brehme-Freistoß zur verdienten Bayern-Führung in den Winkel. Doch die Borussen, bis dato allzu passiv, also verhalten agierend, schlugen überraschend zurück: Nur fünf Minuten nach der Bayern-Führung egalisierte Hochstätter nach einer Flanke des neuen Mittelfeld-Lenkers Dirk Bakalorz.

Doch auch im dritten Pokalfight der beiden Mannschaften reichten 90 Minuten nicht aus, einen Sieger zu ermitteln. Wieder mußte eine Verlängerung herhalten, wieder gingen die Bayern in Führung, wieder durch einen Kopfball. Und wieder antworteten die Borussen postwendend: Der eingewechselte Mittelstürmer Günter Thiele, der bei der Münchner Führung durch Dorfner noch eine unglückliche Figur abgegeben hatte, köpfte nach genau 100 Minuten zum neuerlichen Ausgleich ins Bayern-Tor. Weitere Tore sollten nicht fallen - über den Einzug ins Achtelfinale, wo der 1. FC Nürnberg warten sollte, mußte ein Wiederholungsspiel in München entscheiden...

Links: Jubel und Entsetzen:
Während Uwe Rahn und Torschütze Christian Hochstätter
dessen 1:1 bejubeln, haben Pflügler, Nachtweih
und Brehme (v. li.) hier nichts zu lachen.

Rechts: Auf Wiedersehen in zwei Wochen.
Die Kapitäne Matthäus und Rahn verlassen
gemeinsam den Bökelberg.

DFB-Pokal 1987/88

**Wiederholungsspiel
2. Hauptrunde DFB-Pokal,
Olympiastadion München
10. November 1987
BAYERN - BORUSSIA 3:2
(1:1, 0:0) N. V.**

Kapitän Uwe Rahn gegen Kögl vorbildlichen Einsatz. Nachtweih und Hochstätter spielen hier die Statistenrolle.

Der kleine Rummenigge ganz groß

1984 hatte er gegen Sude den entscheidenden Elfmeter zum Pokalsieg verwandelt, im Hinspiel hatte er die Führung für seine Farben besorgt, nun im Wiederholungsspiel wurde er erneut zum Matchwinner für seine Bayern. Michael Rummenigge, der sich zu Beginn der Begegnung noch auf der Reservebank wiedergefunden hatte, avancierte mit zwei neuerlichen Treffern zum Borussen-Schreck der 80er Jahre. Wenn auch sein entscheidendes 3:2 nach 21 Verlängerungsminuten unter gütiger Mithilfe des Borussen-Keepers Kamps den Weg ins Tor fand - verdient hatten die Münchner das Weiterkommen allemal.

Erneut nämlich waren sie vor heimischem Publikum die bessere, die technisch versiertere, die ideenreichere Elf. Nur im Abschluß haperte es merklich. Wohlfarth wußte aus einem Frontzeck-Fehler kein Kapital zu schlagen, Kögl war noch nie ein kaltblütiger Vollstrecker, die "Kobra" Jürgen Wegmann hatte ihr Gift wohl schon beim Aufwärmen verspritzt. Und der Waliser Mark Hughes war offensichtlich zu kaputt, um nach seiner Einwechslung noch großen Schaden anrichten zu können. Als er um 21.34 Uhr den Rasen des Olympiastadions betrat, hatte er schließlich schon 90 anstrengende Fußballminuten hinter sich - zwei Stunden zuvor, um 19.15 Uhr, hatte er noch in Prag für sein Land in der EM-Qualifikation gegen die CSSR ge-

kickt, und war sofort nach Spielschluß mit einem von Uli Hoeneß gecharterten Lear-Jet ins Stadion einflogen worden.

Als er sich in der Bayern-Kabine das rote Trikot überstreifte, um noch eine dritte Halbzeit hinterherzuschicken, hatten seine Mannschaftskollegen von den bis dahin stur defensiv ausgerichteten Borussen die Quittung für die unzureichende Chancenauswertung bekommen: Gladbachs Thiele hatte zur überraschenden Führung der "Mönche" eingeköpft. Und hätte nicht Herfovsen einen Matthäus-Ball unglücklich ins eigene Netz abgefälscht - es wäre wohl, trotz eines permanenten Sturmlaufs aufs Borussen-Gehäuse, beim unverdienten Gladbacher 1:0 geblieben. Doch als es im vierten Pokalmatch der

beiden Mannschaften in die vierte Verlängerung ging, schlug die große halbe Stunde des Michael Rummenigge. Erst ein überlegter Schlenzer, dann ein eiskalter Vollstrecker bei Kamps kapitalem Fehler - binnen 20 Minuten trat der kleine Rummenigge endgültig aus dem übermächtig scheinenden Schatten des großen Bruders heraus. Dank seiner Tore (und - nicht zu vergessen - Pfaffs tollkühner Paraden in der Schlußphase gegen Hochstätter und Bruns) behielten die Münchner gegen die Mömchengladbacher ihre sprichwörtliche weiße Weste. Im DFB-Pokal blieb stets der FC Bayern siegreich. Und das Olympiastadion für die Gladbacher so etwas wie verfluchter Boden...

Als Joker gekommen wurde Michael Rummenigge zum Matchwinner. Hier bejubelt er mit Hans Dorfner (Nr. 11) den Siegtreffer.

Hochstätter (v.li.) bremst den Münchner Kögl mittels eines Foulspiels.

Statistik

Statistik

Schlechter sieht Gladbachs Punktebilanz gegen keine andere Mannschaft aus. Die Heimbilanz gestaltet sich noch positiv - die Auswärtsbilanz dafür umso erschreckender. Die mageren 9:53 Punkte verdeutlichen die unheimlichste Serie der Bundesliga: In 30 Jahren hat Gladbach nur ein einziges Mal bei den Bayern gewonnen - beim 31. Anlauf im Oktober 1995. Der umgekehrte Fall, ein Bayern-Sieg auf dem Bökelberg, ist dagegen schon siebenmal eingetreten - zuletzt allerdings im April 1987.

Christian Nerlinger treibt den Ball dynamisch durchs Mittelfeld. Holger Fach sieht staunend zu.

61 Spiele Borussia - Bayern (15/16/30)

Gesamt:	46:76	Punkte	79:125	Tore
Heim:	37:23	Punkte	53:40	Tore
Auswärts:	9:53	Punkte	26:85	Tore

Die Pokal-Bilanz:

Klare Verhältnisse: In vier Spielen hat Gladbach nicht einmal gewonnen.

4 Spiele Borussia - Bayern (0/1/3)

Gesamt:	1:7	Punkte	5:7	Tore

(Das Elfmeterschießen im Pokalfinale 1983/84 zählt als Sieg für Bayern München. Die darin erzielten Treffer fanden in der Torstatistik keine Berücksichtigung)

Die Gesamt-Bilanz:

65 Spiele Borussia - Bayern (15/17/33)

Gesamt:	47:83	Punkte	84:132 Tore

(Das Elfmeterschießen im Pokalfinale 1983/84 zählt als Sieg für Bayern München. Die darin erzielten Treffer fanden in der Torstatistik keine Berücksichtigung).

Die besten Torschützen in Bundesliga-Duellen:

Ein Rekord für die Ewigkeit: Gerd Müllers 14 Derby-Tore sind wohl nie mehr zu schlagen. Am nächsten kommt ihm von den aktuellen Spielern Lothar Matthäus: Der Ex-Borusse und heutige Bayern-Star bringt es auf knapp die Hälfte der Müller-Ausbeute...

1. Gerd Müller (Bayern)	14	Tore
2. Karl-Heinz Rummenigge (Bayern)	11	Tore
3. Jupp Heynckes (Borussia)	9	Tore
4. Dieter Hoeneß (Bayern)	8	Tore
5. Lothar Matthäus (Borussia/Bayern)	7	Tore
Roland Wohlfarth (Bayern)	7	Tore
7. Hans-Jörg Criens (Borussia)	6	Tore
8. Günter Netzer (Borussia)	5	Tore
Franz Roth (Bayern)	5	Tore
Uli Hoeneß (Bayern)	5	Tore
11. Herbert Laumen (Borussia)	4	Tore
Allan Simonsen (Borussia)	4	Tore
Klaus Augenthaler (Bayern)	4	Tore
Uwe Rahn (Borussia)	4	Tore
15. Heiko Herrlich (Borussia)	3	Tore
Martin Dahlin (Borussia)	3	Tore
Frank Mill (Borussia)	3	Tore

Rainer Ohlhauser (Bayern)	3	Tore
Hans Nowak (Bayern)	3	Tore
Dieter Brenninger (Bayern)	3	Tore
H.-Georg Schwarzenbeck (Bayern)	3	Tore
Reinhold Mathy (Bayern)	3	Tore

Die besten Torschützen in Pokal-Duellen:

1. Michael Rummenigge (Bayern)	3	Tore
2. Günter Thiele (Borussia)	2	Tore
3. Frank Mill (Borussia)	1	Tor
Wolfgang Dremmler (Bayern)	1	Tor
Sören Lerby (Bayern)	1	Tor
Christian Hochstätter (Borussia)	1	Tor
Hans Dorfner (Bayern)	1	Tor
Lothar Matthäus (Borussia/Bayern)	1	Tor
Hans-Jörg Criens (Borussia)	1	Tor

(Die Strafstöße im Elfmeterschießen 1984 fanden keine Berücksichtigung)

Die besten Torschützen insgesamt:

1. Gerd Müller (Bayern)	14	Tore
2. Karl-Heinz Rummenigge (Bayern)	11	Tore
3. Jupp Heynckes (Borussia)	9	Tore
4. Dieter Hoeneß (Bayern)	8	Tore
Lothar Matthäus (Borussia/Bayern)	8	Tore

Heiko Herrlich , zweifacher Torschütze beim 2:0-Sieg der Borussia im April 94

Statistik

Wäre Sepp Maier nicht durch einen Autounfall am Fortgang seiner Karriere gehindert worden - er hätte locker 30 und mehr Derbys mitgemacht. Aber auch so führt er die ewige Bestenliste wohl für immer und ewig an - Lothar Matthäus liegt glatte zehn Partien hinter ihm.

1.	Sepp Maier (Bayern)	28
2.	Gerd Müller (Bayern)	25
	Hans-Georg Schwarzenbeck (Bayern)	25
	Klaus Augenthaler (Bayern)	25
5.	Berti Vogts (Borussia)	24
6.	Franz Beckenbauer (Bayern)	23
7.	Bernd Dürnberger	22
	Hans-Günter Bruns (Borussia)	22
9.	Herbert Wimmer (Borussia)	21
10.	Wolfgang Kleff (Borussia)	20
11.	Jupp Heynckes (Borussia)	19
	Franz Roth (Bayern)	19
13.	Karl-Heinz Rummenigge (Bayern)	18
	Lothar Matthäus (Borussia/Bayern)	18
	Uwe Kamps (Borussia)	18

Oben: Verbissener Zweikampf zwischen André Winkholt und Lothar Matthäus.

Links: Drei Stützen ihrer Teams in den "Goldenen 70ern": Breitner, Heynckes und Schwarzenbeck.

Die meisten Spiele in Pokal-Duellen

1. Jean-Marie Pfaff (Bayern)	4
Norbert Nachtweih (Bayern)	4
Lothar Matthäus (Borussia/Bayern)	4
Michael Rummenigge (Bayern)	4
Hans-Günter Bruns (Borussia)	4
Uwe Rahn (Borussia)	4
Kai-Erik Herlovsen (Borussia)	4
Hans-Jörg Criens (Borussia)	4
9. Norbert Eder (Bayern)	3
Hans Pflügler (Bayern)	3
Roland Wohlfarth (Bayern)	3
Ludwig Kögl (Bayern)	3
Klaus Augenthaler (Bayern)	3
Hans-Georg Dreßen (Borussia)	3
Bernd Krauss (Borussia)	3
Michael Frontzeck (Borussia)	3

Die meisten Spiele insgesamt:

1. Klaus Augenthaler (Bayern)	28
Sepp Maier (Bayern)	28
3. Hans-Günter Bruns (Borussia)	26
4. Gerd Müller (Bayern)	25
Hans-Georg Schwarzenbeck (Bayern)	25

Elfmeterstatistik Bundesliga:

In fast allen Belangen sind die Gladbacher die Unterlegenen. Nur bei den Elfmetern sind sie den Bayern voraus. Sie können stolz eine 100%ige Trefferquote vorweisen-die Münchner dagegen haben sich einige Fehlschüsse erlaubt...

Borussia: 7 Elfmeter, 7 Tore
verwandelt: Netzer (2), Milder, Sieloff, Hannes, Rahn, Criens (je 1)
Verschossen: -

Bayern: 11 Elfmeter, 8 Tore
verwandelt: Gerd Müller (2), Breitner, Karl-Heinz Rummenigge, Michael Rummenigge, Strunz , Thon, Matthäus (je 1)
verschossen: Gerd Müller, Augenthaler, Thon (je 1)

Elfmeterstatistik Pokal:

Borussia: kein Elfmeter, kein Tor

Bayern: 1 Elfmeter, 1 Tor
verwandelt: Lerby

(Das Elfmeterschießen im Pokalfinale 1983/84 fand keine Berücksichtigung).

Elfmeterstatistik insgesamt:

Borussia: 7 Elfmeter, 7 Tore
Bayern: 12 Elfmeter, 9 Tore

Eigentore:

In 65 Duellen (61 Bundesliga, 4 Pokal) fielen insgesamt vier Eigentore. Schwarzenbeck (Bayern), Herzog (Bayern), Wittkamp (Borussia) und Martin Schneider (Borussia) trafen je einmal ins eigene Netz.

Statistik

Michael Spies sieht gebannt zu, wie Hans Dorfner dem Gladbacher Tor entgegenstrebt.

Abwehrspieler im Duell: Thomas Eichin wird von Hans Pflügler gebremst

TORHÜTERSTATISTIK BUNDESLIGA:

Kein einziger Borussen-Keeper hat gegen die Bayern eine positive Punktebilanz. Zwei - Sude und Heyne - können immerhin ein ausgeglichenes Konto vorweisen. Umgekehrt verfügt kein Bayern-Torwart in Duellen gegen die Borussia über eine negative Bilanz. Allein die je nur einmal eingesetzten Hillringhaus und Scheuer sowie Junghans und Kahn kommen auf ein nur ausgeglichenes Punktekonto.

Borussia:

Orzessek	0:4	Punkte
Volker Danner	2:8	Punkte
Kleff	18:22	Punkte
Kneib	5:7	Punkte
Sude	7:7	Punkte
Kamps	12:24	Punkte

Jean-Marie Pfaff, belgischer Nationaltorwart der Bayern, bestritt 13 "Duelle der Giganten". Hier unterstützt ihn Dieter Hoeneß bei einer Aktion gegen Uwe Rahn.

Thorstvedt	0:2	Punkte
Heyne	2:2	Punkte

Bayern:

Maier	36:20	Punkte
Junghans	3:3	Punkte
Manfred Müller	6:2	Punkte
Pfaff	11:7	Punkte
Aumann	14:10	Punkte
Schumacher	2:0	Punkte
Hillringhaus	1:1	Punkte
Kahn	2:2	Punkte
Scheuer	1:1	Punkte

TORHÜTERSTATISTIK POKAL:

Da Bayern in diesen Spielen meist siegte, verhält es sich hier ähnlich wie in der Bundesliga: Der Münchner Keeper hat eine ansehnliche, die Gladbacher Torsteher haben eine traurige Bilanz vorzuweisen.

Borussia:

Sude	0:4	Punkte
Kamps	1:3	Punkte

Bayern:

Pfaff	7:1	Punkte

TRAINERSTATISTIK BUNDESLIGA:

Kein einziger Gladbacher Trainer hat gegen die Bayern eine positive Bilanz errungen. Allein Bernd Krauss, Udo Lattek und überraschenderweise Wolf Werner holten gegen den großen Konkurrenten soviel Plus- wie Minuspunkte. Umgekehrt haben trotz der deutlichen Positivbilanz gegen die Borussen drei Bayern-Trainer erstaunlicherweise ein negatives Derby-

Statistik

Konto: "Professor" Cramer, "Kaiser" Beckenbauer und "Rubens" Otto Rehhagel...

Borussia:

Weisweiler	12:28	Punkte
Lattek	8:8	Punkte
Heynckes	12:20	Punkte
Werner	5:5	Punkte
vom Bruch	1:5	Punkte
Gelsdorf	2:4	Punkte
Krauss	6:6	Punkte

Bayern:

Cajkovski	11:1	Punkte
Zebec	2:2	Punkte
Lattek	24:14	Punkte
Cramer	4:8	Punkte
Lorant	3:1	Punkte
Csernai	12:6	Punkte
Heynckes	10:6	Punkte
Lerby	2:0	Punkte
Ribbeck	5:3	Punkte
Beckenbauer	0:2	Punkte
Trapattoni	3:1	Punkte
Rehhagel	0:2	Punkte

Trainerstatistik Pokal:

Naturgemäß gute Werte für die Bayern-Coaches und schlechte für die Borussen-Betreuer.

Borussia:

Werner	1:3	Punkte
Heynckes	0:4	Punkte

Bayern:

Lattek	4:0	Punkte
Heynckes	3:1	Punkte

Sie führten ihre Klubs 1965 in die Bundesliga: Hennes Weisweiler (li.) und "Tschik" Cajkovski.

Schmerzliche Bekanntschaft scheint Heiko Herrlich mit Bayern-Verteidiger Babbel zu machen.

Unten: Stefan Effenberg auf der anderen Seite! Mit Körpereinsatz setzt sich der "Tiger" gegen Martin Max durch.

Statistik

Michael Rummenigge reckt den gegen Gladbach gewonnen Pokal in die Höhe, der für Bruder Karl-Heinz das Abschiedsgeschenk vor seinem Wechsel nach Italien war.

Die höchsten Siege:

Borussia:
(H):	5:0	(18.05.74)
	4:1	(20.09.75)
	4:2	(30.11.85)
	3:0	(24.03.84)
(A):	2:1	(14.10.95)

Bayern:
(H):	6:0	(24.04.86)
	5:2	(05.03.66)
	4:0	(20.03.76)
		(06.12.80)
		(01.10.83)
		(04.05.85)
(A):	7:1	(24.03.79)
	4:1	(06.06.81)

Die torreichsten Spiele:

8 Tore	Borussia - Bayern	1:7	(24.03.79)
7 Tore	Bayern - Borussia	5:2	(05.03.66)
7 Tore	Bayern - Borussia	4:3	(17.09.66)
7 Tore	Bayern - Borussia	4:3	(08.12.73)
6 Tore	Bayern - Borussia	6:0	(24.04.86)
6 Tore	Borussia - Bayern	4:2	(30.11.85)

Der Autor:

Holger Jenrich, Jahrgang 1959. Studium der Publizistik, Anglistik, Soziologie, Abschluß als Dr. phil. Lebt und arbeitet als Journalist und Buchautor in Münster.

Letzte Veröffentlichungen: "Schauplatz Revier. Blicke ins pralle Leben" (Klartext Verlag, 1994), "Die Fohlen vom Bökelberg" (Eichborn Verlag, 1994), "Borussia Mönchengladbach - Tore, Tränen und Triumphe" (Verlag Die Werkstatt, 1995), "Radi, Buffy und ein Sputnik. Ausländer in der Bundesliga 1963-1995" (Klartext Verlag, 1995).

Jenrich veröffentlicht zudem alljährlich den "Saisonkalender Borussia Mönchengladbach" (Klartext Verlag).